So kocht Südtirol

für Diabetiker

gefördert von
Stiftung Südtiroler Sparkasse
Fondazione Cassa di Risparmio
sostenuto da

Die Drucklegung dieses Buches wurde ermöglicht
durch die Stiftung Südtiroler Sparkasse.

*DER WEG ZUR GESUNDHEIT
FÜHRT DURCH DIE KÜCHE,
NICHT DURCH DIE APOTHEKE.*

Sebastian Kneipp

So kocht Südtirol

für Diabetiker

Heinrich Gasteiger Gerhard Wieser Helmut Bachmann

Gesund und genussvoll essen bei Diabetes Typ 1 und Typ 2

DIABETES UNION
ALTO ADIGE | SÜDTIROL ONLUS

ATHESIA VERLAG

LIEBE LESERIN, LIEBER LESER!

Wir freuen uns, dass Sie sich für dieses Buch entschieden haben. Um in Zukunft noch besser auf Ihre Wünsche eingehen zu können, ist uns Ihre Meinung wichtig. Bitte senden Sie uns Ihre Anregungen, Ihre Kritik, Ihr Lob und auch Ihre Fragen zu unseren Büchern. Wir freuen uns auf Ihre Nachricht!

info@so-kocht-suedtirol.it · www.so-kocht-suedtirol.it · Fax +39 0471 081079

www.facebook.com/sokochtsuedtirol

BIBLIOGRAFISCHE INFORMATION DER DEUTSCHEN NATIONALBIBLIOTHEK

Die Deutsche Nationalbibliothek verzeichnet diese Publikation in der Deutschen Nationalbibliografie; detaillierte bibliografische Daten sind im Internet abrufbar: http://dnb.d-nb.de

UMSCHLAGBILDER

Rohkostsalat mit mariniertem Lachs (S. 35), Tomaten-Zucchini-Omelette (S. 114) und Vanillewaffeln (S. 157)

BILDNACHWEIS

Athesia-Tappeiner Verlag: Seite 7 (Himbeeren)
Klaus Arras: Umschlag vorne
Daniela Kofler: Seite 109
stock.adobe.com: Seite 5 (sewcream), 8 (Davizro Photography), 9 (Chinnapong), 10 (Andrey Popov), 11 (adrian_ilie825), 12 (Africa Studio), 13 (adrian_ilie825), 14 (bloody), 15 oben (winston), 15 Mitte (preto_perola), 15 unten (junefraphoto), 16 links (nehopelon), 16 rechts (Dmytro Sukharevskyy), 18 (Yulia Furman und aamulya), 19 unten (Evan Lorne), 20 links (unpict) 20 rechts (rcfotostock), 22 (TeamDaf), 23 (Africa Studio), 24/25 (Barbara Pheby), 42/43 (whiteaster), 52/53 (Andrey), 72/73 (Barbara Pheby), 84/85 (Lisovskaya Natalia), 112/113 (Photocrew), 128/129 und 150/151 (Barbara Pheby)
Josef Pernter: Seite 139, 142
Alle übrigen Aufnahmen stammen von Günther Pichler, Eggen, www.gpichler.com

Dezember 2018

Lektorat und Korrektorat: Kathrin Kötz
Nährwertberechnung: Sieglinde Kofler
Umschlaggestaltung: ganeshGraphics, Lana
Design & Layout: Athesia-Tappeiner Verlag
Druck: Athesia Druck, Bozen

ISBN 978-88-6839-362-5

www.athesia-tappeiner.com
buchverlag@athesia.it

designed + produced
IN SÜDTIROL

Einfach QR-Code scannen und auf unserer Internetseite informieren.

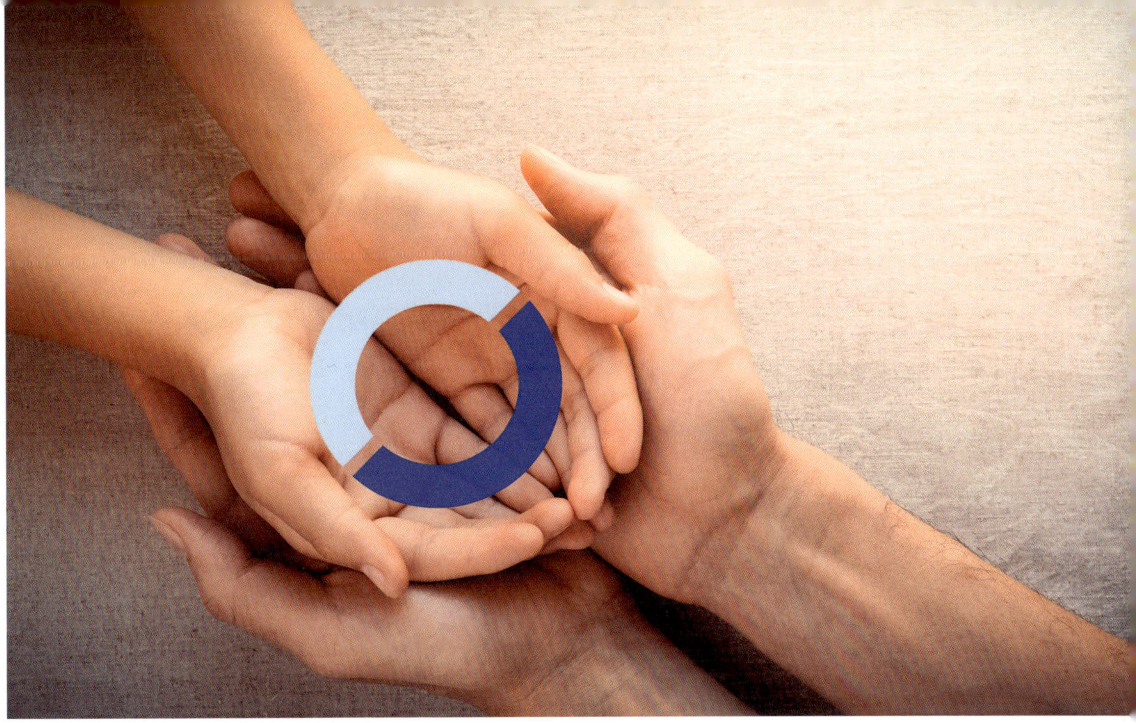

Vorwort

Mit diesem Kochbuch wollen wir Diabetikern und ihren Angehörigen helfen, sich gesund zu ernähren. Im Fokus des Buches, das durch die Zusammenarbeit von *Diabetes Union Alto Adige Südtirol*, Ärzten, einer Ernährungstherapeutin und drei Köchen entstanden ist, stehen nicht nur die Nährwerteigenschaften gesunder Lebensmittel, sondern auch der Genussaspekt.
Denn mit ausreichenden Kenntnissen über Lebensmittel aller Art können Typ-2-Diabetiker im Rahmen einer ausgewogenen Ernährung problemlos ihre Lieblingsspeisen zubereiten. Außerdem können Menschen mit Typ-1-Diabetes nach einer sorgfältigen Berechnung der notwendigen Insulindosis die in diesem Buch enthaltenen Rezepte nachkochen und genießen.
Das Buch zeigt, dass sich Diabetes und eine genussvolle, abwechslungsreiche Ernährung keineswegs ausschließen.
Die *Diabetes Union Alto Adige Südtirol* bedankt sich bei der Ernährungstherapeutin Sieglinde Kofler und ihrem Team, Dr. Reinstadler, Dr. Crazzolara und Dr. Fattor, bei den Spitzenköchen Gasteiger, Wieser und Bachmann sowie bei den zahlreichen Freiwilligen, die an der Entstehung dieses Kochbuchs mitgewirkt haben. Das Buch ist das Ergebnis vieler Ideen, Anregungen und wertvoller persönlicher Beiträge verschiedener Personen.
Wir bedanken uns herzlich bei Andreas und Franz, die fest an dieses Projekt geglaubt haben.
Ein besonderer Dank gilt auch dem Verlagshaus Athesia für diese einmalige Gelegenheit, das Thema Diabetes zu beleuchten und zu zeigen, worauf es bei der Ernährung der Patienten wirklich ankommt.

Gianluca Salvadori
Präsident DIABETES UNION Alto Adige Südtirol

Inhalt

Was ist Diabetes?

Dr. Bruno Fattor

DIABETES TYP 1 UND TYP 2

Diabetes mellitus ist eine Stoffwechselerkrankung, bei der der Körper den Blutzuckerspiegel nicht im Gleichgewicht halten kann. Umgangssprachlich wird die Krankheit deshalb auch Zuckerkrankheit genannt. Die Diabetologie für Erwachsene beschäftigt sich mit zwei Krankheiten, die zwar denselben Namen tragen, in Wirklichkeit aber vollkommen unterschiedlich sind. Die einzige Gemeinsamkeit ist die Hyperglykämie, d. h. ein hoher Blutzucker. Bei der einen Krankheit, dem Diabetes Typ 1, fehlt das Hormon Insulin, das den Blutzucker regelt, während bei der anderen, beim Diabetes Typ 2, das Insulin zwar vorhanden ist, es aber seine Aufgabe im Körper nicht richtig erfüllen kann.
Daneben gibt es noch weitere Formen des Diabetes, bei denen es ebenfalls zu erhöhten Blutzuckerwerten kommt. Um die Unterschiede zwischen Typ 1 und Typ 2 Diabetes zu verstehen, muss man sich eingehend mit den Vorgängen in unserem Körper beschäftigen. Denn abgesehen vom gemeinsamen Nenner „Hyperglykämie" haben die fehlende bzw. die mangelhafte Insulinversorgung unterschiedliche metabolische Auswirkungen von lebenswichtiger Bedeutung.

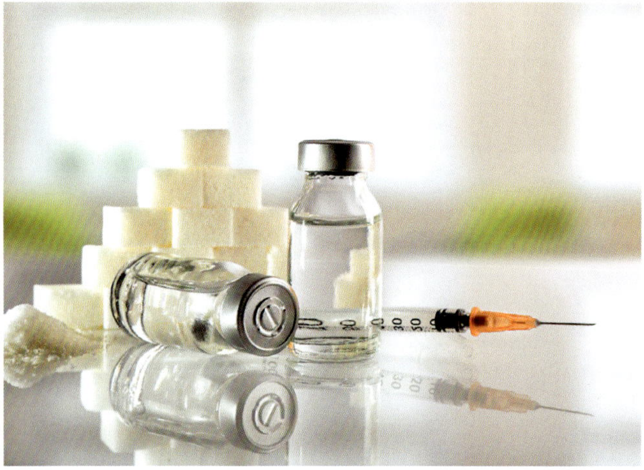

Die Blutzuckerwerte werden durch das Hormon Insulin reguliert.

WIE FUNKTIONIERT DER „MOTOR" DES MENSCHEN?

Vergleichen wir den menschlichen Körper mit einem Auto: Ebenso wie der Motor eines Autos erhält unser Körper Energie durch die Verbrennung eines Treibstoffes. Einige Autos haben Motore, die alternativ Benzin und LPG (Flüssiggas) bzw. Benzin und Methan verbrennen. Der Mensch hingegen funktioniert wie ein Auto mit einem Tri-Fuel-Motor, weil die Treibstoffe unseres Körpers Zucker (Glukose), Fette und Proteine (nach deren Umwandlung in Glukose) sind.

Glukose – unser „Treibstoff"

Der Haupttreibstoff unseres Körpers ist Glukose (Traubenzucker), die mit der Nahrung aufgenommen wird. Glukose kann, wenn sie direkt zugeführt wird, von unserem Körper sehr schnell aufgenommen und ins Blut transportiert werden. Aus kohlenhydrathaltigen Lebensmitteln kann der Körper ebenfalls Glukose gewinnen, allerdings dauert es länger, bis die Stärke in Glukose umgewandelt wird und dem Körper als Energie zur Verfügung steht.
Im Gegensatz zu dieser rückstandsfreien Verbrennung der Nahrungs-

bestandteile hat der Körper noch die Möglichkeit, Energie aus Fetten und Proteinen zu gewinnen. Allerdings gelingt das nur auf Umwegen und nicht ohne Rückstände. Diese Rückstände, die sogenannten Ketonkörper, sind sehr schädlich für den Organismus.

Wenn das Insulin, unser „Vergaser“, fehlt – Diabetes Typ 1

Bleibt man beim Vergleich mit dem Motor eines Autos, so erkennt man, dass das Insulin zur Verbrennung der Glukose die Rolle des Vergasers spielt: Ohne diesen kann die Verbrennung nicht stattfinden und der Anteil an Glukose bleibt hoch. Die Glukose bleibt ungenutzt im Blut. Wenn der „Vergaser“ Insulin fehlt, d. h., Glukose nicht als Treibstoff verwendet werden kann, entsteht ein akuter Energiebedarf. Die „schmutzige“ Verbrennung der Fette wird ausgelöst und damit werden auch die gefürchteten Ketonkörper produziert. Dieses Szenario beschreibt die Situation beim unbehandelten Diabetes Typ 1. Durch das Fehlen von Insulin kommt es zu einer Hyperglykämie und einer Anhäufung von Ketonkörpern (Ketose), die zu einer Übersäuerung unseres Organismus führt. Dadurch kommt es zum Ausfall vieler Zellfunktionen und zu lebensbedrohlichen Situationen.

Obst und Gemüse sind Bestandteile einer gesunden Ernährung.

Wenn der „Vergaser“ abgesoffen ist – Diabetes Typ 2

Beim Diabetes Typ 2 ist der „Vergaser“, das Insulin, zwar vorhanden, aber er funktioniert nicht richtig. Um beim Autovergleich zu bleiben: Der Vergaser ist abgesoffen. Zwar ist Insulin in ausreichender Menge vorhanden, um eine unkontrollierte Fettverbrennung zu verhindern, aber es reicht nicht aus, um den Blutzucker zu regulieren.

DIE BEHANDLUNG VON DIABETES

Da beide Krankheitsbilder durch unterschiedliche Faktoren ausgelöst werden, müssen sie auch unterschiedlich behandelt werden:

- Beim Typ-1-Diabetes muss lebenslang das Hormon Insulin verabreicht (gespritzt) werden.
- Beim Typ-2-Diabetes kommen orale Medikamente (mit verschiedenen Wirkungsweisen) zum Einsatz.

Auch hinsichtlich der klinischen Behandlung gibt es Unterschiede.

- Für Patienten mit dem Typ 1 ist es sehr wichtig, die Krankheit und die Insulin-Anwendung genau zu verstehen. Das erfordert einen hohen Einsatz, nicht nur vonseiten des Patienten bzw. seiner Familie (bei Erkrankung im Kindesalter), sondern auch des Diabetologen.
- Beim Typ 2, im Volksmund auch Altersdiabetes genannt, wird eine Senkung des Blutzuckers angestrebt. Hier ist nicht nur die Gabe von Medikamenten wichtig, sondern auch, dass die Betroffenen ihren Lebensstil ändern (Umstellung der Ernährung, Reduktion von Übergewicht, mehr Bewegung). Angesichts der Tatsache, dass in Südtirol etwa 5 % der Bevölkerung (über 21.000 Menschen) vom Diabetes Typ 2 betroffen sind, stellt das die medizinische Versorgung vor eine große Herausforderung.

Die Ernährung

Beide Krankheitsformen haben nicht nur die Hyperglykämie gemeinsam, sondern es ist bei beiden notwendig, einige Ernährungs- und Verhaltensregeln zu befolgen. Trotzdem müssen die Essensgewohnheiten nicht monoton und begrenzt sein.

Diabetes mellitus Typ 1

im Kindes- und Erwachsenenalter

Dr. Dalia Crazzolara, Dr. Petra Reinstadler

DEFINITION

Diabetes mellitus Typ 1 ist die häufigste Form des Diabetes im Kindesalter. Sie kann jedoch in jedem Alter auftreten. Der Typ-1-Diabetes gehört zu den Autoimmunerkrankungen, da hier die Betazellen, die in der Bauchspeicheldrüse für die Insulinproduktion zuständig sind, von **Autoantikörpern** zerstört werden. Insulin ist ein Hormon, das dafür sorgt, dass der Zucker im Blut von den Körperzellen aufgenommen wird. Ein Mangel oder das völlige Fehlen von **Insulin** führt dazu, dass der Großteil der Zellen nicht in der Lage ist, den durch die Ernährung zugeführten Zucker zu verwerten.

EPIDEMIOLOGIE

Bei den Erwachsenen leiden etwa 10 % am Diabetes Typ 1, während über 90 % der Kinder Typ-1-Diabetiker sind. In Italien leben etwa 300.000 Personen mit Typ-1-Diabetes; die Häufigkeit steigt weltweit. In Südtirol sind ca. 900 Personen betroffen, 18 % davon sind unter 18 Jahre alt.

Die regelmäßige Kontrolle des Blutzuckers ist wichtig.

URSACHEN

Die Ursachen für den Typ-1-Diabetes sind noch nicht vollständig geklärt. Der stichhaltigsten These zufolge kommt es bei Personen mit einer genetischen Veranlagung durch einen Krankheitserreger oder durch Umwelteinflüsse zu einer Überreaktion des Immunsystems. Diese Überreaktion führt zu einer Autoimmunreaktion, d. h., körpereigene Zellen, in diesem Falle die insulinproduzierenden Betazellen der Bauchspeicheldrüse, werden durch das eigene Immunsystem zerstört.

Der Zuckergehalt verschiedener Lebensmittel

SYMPTOME

Die über die Nahrung aufgenommenen Kohlenhydrate werden vor allem im Magen verdaut und gelangen über den Darm als **Glukose** ins Blut. Der Übergang der Glukose vom Blut in die Zellen wird vom Insulin unterstützt.
Beim Typ-1-Diabetes ist der Körper wegen des Mangels oder des völligen Fehlens an Insulin nicht mehr fähig, Glukose als Energiequelle zu nutzen. Sie häuft sich somit im Blut an und wird mit dem Urin ausgeschieden. Die Ausscheidung der Glukose über den Urin (Glukosurie) führt zu einem erhöhten Harndrang. Wegen des hohen Flüssigkeitsverlustes durch den Urin neigt der Körper zur Dehydratation (Austrocknung). Der Körper hat das Bedürfnis, die verlorene Flüssigkeit wieder aufzunehmen, weshalb bei den Betroffenen ein enormes Durstgefühl entsteht.
Wenn Glukose nicht als Energiequelle genutzt werden kann, kommt es außerdem zu einem starken Hungergefühl. Doch trotz einer erhöhten Nahrungszufuhr kommt es zu einer Abnahme des Gewichts, die auch mit dem weiterhin erhöhten Flüssigkeitsverlust durch den Urin zusammenhängt (die aufgenommenen Kohlenhydrate gehen ebenfalls über den Urin verloren). Die Betroffenen verspüren – auch ohne körperliche Aktivitäten – eine ausgeprägte Müdigkeit.
Als alternative Energiequelle zur Glukose werden die Muskeleiweiße und Fette verwendet. Die Verwendung von Fetten führt zur Anhäufung von **Ketonen** im Blut, die mit dem Urin und über die Atemluft ausgeschieden werden. Die verstärkte Ansammlung von Ketonen im Blut führt zur **Ketoazidose.** Diese **Stoffwechselentgleisung** ist ein sehr ernst zu nehmender Zustand und kann möglicherweise lebensgefährlich werden.

Die Hauptsymptome

- Polyurie (häufiges Urinieren)
- Polydipsie (verstärktes Durstgefühl)
- Polyphagie (krankhaft gesteigerter Appetit)
- Gewichtsabnahme trotz gesteigerter Nahrungsaufnahme
- Müdigkeit und Asthenie (extreme Ermüdung)

Im Kindesalter werden die Symptome häufig erst sehr spät erkannt, da viele Eltern die Krankheit nicht kennen:

- Polyurie: Viele Kinder nässen nachts wieder ein, obwohl sie schon seit Jahren „trocken“ sind.
- Polydipsie: Der extreme Durst führt dazu, dass die Kinder nachts aufwachen, um zu trinken und so innerhalb von 24 Stunden drei bis vier Liter Flüssigkeit zu sich nehmen.
- Gewichtsverlust: Bei Insulinmangel ist der Körper nicht in der Lage, die aufgenommenen Kohlenhydrate zu verwerten und verbraucht deshalb die Fette.
- Kussmaul-Atmung (auffällige, vertiefte Atmung)
- Müdigkeit bis hin zum Koma

DIAGNOSE

Wenn diese typischen Symptome auftreten, wird die Diagnose mithilfe einer einfachen Blutuntersuchung gestellt: Dabei wird der Blutzucker nüchtern gemessen und die spezifischen Beta-Zellen-Antikörper werden nachgewiesen.

THERAPIE

Derzeit existiert keine Therapie, die zu einer kompletten Heilung von Diabetes mellitus Typ 1 führt.
Das Ziel der Therapie ist, den Blutzuckerspiegel mithilfe von Insulin im Normbereich zu halten, damit der Köpfer die Glukose als Energiequelle nutzen kann bzw. um eine lebensgefährliche Ketoazidose zu vermeiden. Eine chronische Hyperglykämie kann im Laufe der Jahre zu dauerhaften Schäden an verschiedenen Organen führen, zum Beispiel an den Augen (Retinopathie), Nieren (Nephropathie), Nerven (Neuropathie), Gefäßen (Vaskulopathie) und am Herz (Kardiopathie).
Es ist enorm wichtig, das Auftreten chronischer Folgeerkrankungen durch die richtige Behandlung, die auf der Vermeidung von Hypo- und Hyperglykämien basiert, zu verhindern.

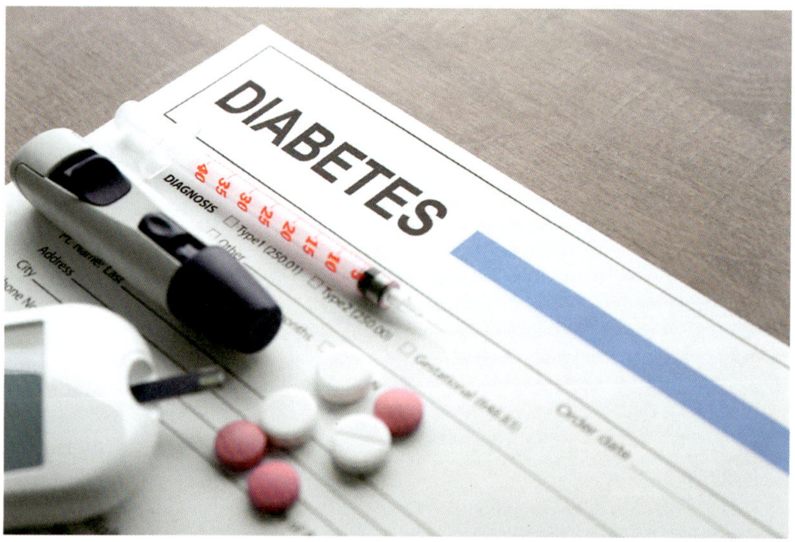

Die Kontrolle des Blutzuckers ist wichtig, um Insulin bzw. blutzuckersenkende Medikamente genau zu dosieren.

DIE ECKPFEILER DER THERAPIE

- Insulin
- Ausgewogene Ernährung
- Bewegung und Sport

Insulin

Die Bauchspeicheldrüse eines gesunden Menschen regelt, abhängig von der Kohlenhydratzufuhr durch die Ernährung, automatisch die Insulinproduktion. Das heißt, je mehr Kohlenhydrate aufgenommen werden, desto mehr Insulin wird ausgeschüttet.
Ohne Insulin kann der menschliche Körper nicht überleben. Deshalb muss dem Körper, wenn die Bauchspeicheldrüse nicht mehr in der Lage ist, Insulin zu produzieren, das

lebensnotwendige Hormon kontinuierlich zugeführt werden. 1916 gelang es, das lebensrettende Insulin aus Pankreasgewebe zu gewinnen. Allerdings stand es erst ab 1923 als Therapiemittel zur Verfügung. Da Insulin ein Protein ist, kann es nicht oral verabreicht werden. Es würde im Magen zu schnell verdaut und damit unwirksam werden. Aus diesem Grund erfolgt die tägliche Insulingabe durch eine Injektion in subkutanes Gewebe (in das Bindegewebe unter der Haut). Um zu berechnen, welche Insulindosis erforderlich ist, um den Blutzuckerspiegel innerhalb der Grenzwerte zu halten, muss die Menge der mit der Nahrung aufgenommenen Kohlenhydrate herangezogen werden.

Im Kindesalter ist die Insulintherapie schwieriger als im Erwachsenenalter, da die kleinen Patienten nicht wie Erwachsene kooperieren können: Sie haben Angst vor den Nadeln oder Spritzen und sind oft nicht in der Lage, die Symptome eines niedrigen Blutzuckers (Blässe, Zittern, Schwitzen, Schwäche oder Verwirrtheit), die sofort mit der Gabe von Zucker behoben werden müssen, mitzuteilen. Bei Kleinkindern wird daher die Therapie von den Eltern durchgeführt. Mit zunehmendem Alter werden die Kinder immer autonomer, bis sie schließlich imstande sind, die Therapie selbstständig durchzuführen.

Auch wenn Diabetes-Patienten keine spezielle Ernährung brauchen, sollten sie lieber zu Obst als zu zuckerhaltigen Lebensmitteln greifen.

Ausgewogene Ernährung

Patienten mit Diabetes mellitus Typ 1 benötigen keine spezielle Ernährung. Die Ernährung sollte – wie bei jedem Menschen – grundsätzlich ausgewogen sein, unabhängig davon, ob eine Erkrankung vorliegt oder nicht.

Die Kohlenhydrate in der Nahrung müssen weder verringert noch eliminiert werden. Die neuen Empfehlungen der italienischen Ernährungsvereinigung (Società Italiana Nutrizione Umana) sehen vor, dass die Kohlenhydrate (sowohl Stärke als auch Zucker) bei einer gesunden Ernährung mindestens 45–55 % der gesamten Kalorien ausmachen sollen. Da der Körper Insulin benötigt, um Kohlenhydrate in Energie umzuwandeln, muss die zu verabreichende Insulindosis aufgrund der aufgenommenen Kohlenhydratmenge ausgerechnet werden.

Zur Berechnung des Kohlenhydratumsatzes gibt es zwei bewährte Maßeinheiten:

- Kohlenhydrateinheit (abgekürzt KHE oder KE): 1 KE entspricht etwa 10 Gramm Kohlenhydraten.
- Broteinheit (BE): 1 BE entspricht etwa 12 Gramm Kohlenhydraten.

Welche dieser Einheiten man für die Berechnung des Kohlenhydratumsatzes heranzieht, bleibt jedem Patienten überlassen. Wichtig ist nur, dass die Insulinmenge an die aufgenommenen Kohlenhydrate angepasst wird.

Bewegung und Sport

Typ-1-Diabetiker können jegliche körperliche Betätigung ausüben, egal ob auf Amateur- oder Wettkampfniveau. Bewegung senkt nicht nur den Blutzuckerspiegel, sondern sie hilft auch dabei, das optimale Körpergewicht zu halten. Darüber hinaus reduziert sie das Risiko einer Herz-Kreislauf-Erkrankung und verbessert die Lebensqualität.

Dank der ärztlichen Behandlung und des Fortschritts der Medizin kann ein Typ-1-Diabetiker ein normales Leben führen, vorausgesetzt er führt die Therapie selbstständig und korrekt durch. Dabei steht ihm in den Fachpraxen für Diabetologie (Erwachsene und Kinder) eigens ausgebildetes Personal zur Verfügung.

Gesunde Ernährung

Sieglinde Kofler, Ernährungstherapeutin

ERNÄHRUNGS-PYRAMIDE

Die hier abgebildete Ernährungspyramide soll Ihnen dabei helfen, sich gesund zu ernähren. Die Lebensmittel im unteren Bereich können Sie mehrmals täglich essen. Von denen im oberen Bereich sollten Sie weniger essen und sie bewusst auswählen. Darin unterscheidet sich die ausgewogene, gesunde Ernährung von Diabetikern nicht von der anderer Menschen. Eine gesunde Ernährung ist immer die Voraussetzung für einen gesunden Körper, denn sie beeinflusst maßgeblich den Anstieg und die Entwicklung der Blutzuckerwerte über den Tag.

LEBENSMITTEL-GRUPPEN

Getränke

Wasser ist unser wichtigstes Lebensmittel, denn jede unserer Körperzellen enthält Wasser. Wenn das Trinkwasser in Ihrem Wohngebiet eine gute Qualität hat, dann ist es der ideale, kalorienfreie Durstlöscher. Unser Flüssigkeitsbedarf hängt vom Alter, von der Größe und dem Gewicht ab und natürlich von der körperlichen Belastung bei der Arbeit oder beim Sport bzw. von der Jahreszeit. Eine erwachsene Person sollte täglich zwischen zwei und drei Liter Wasser trinken, und zwar möglichst gleichmäßig über den ganzen Tag verteilt. Wer nicht immer Wasser trinken will, der kann mit ungesüßten Tees – heiß oder kalt serviert – für Abwechslung sorgen.

Tipps

- Wasser mit Kohlensäure sollte wegen der blähenden Wirkung nicht in großen Mengen getrunken werden.
- Sirupe, Säfte – auch ohne Zuckerzusatz –, Softdrinks usw. enthalten viel Zucker, der schnell ins Blut gelangt und den Blutzucker stark ansteigen lässt.

- Frischgepresste Säfte oder Smoothies sind wegen der Kalorienmenge kein Getränk, sondern eine Zwischenmahlzeit. Sie enthalten pro Glas meist drei bis vier Obst- oder Gemüsesorten und dementsprechend viel Zucker und Kalorien. Sie haben einen hohen glykämischen Index.
- Diabetiker können im Fall einer Unterzuckerung (Hypoglykämie) Säfte und Softdrinks zu sich nehmen, um den Blutzucker schnell zu erhöhen.

Es muss nicht immer Wasser sein, auch Tee ist ein geeigneter Durstlöscher.

Gemüse und Salate

Gemüse und Salate sind die Basis unserer Ernährung. Sie sind reich an Vitaminen, Mineralstoffen, sekundären Pflanzenstoffen und Ballaststoffen, die sich positiv auf unsere Gesundheit, unsere Verdauung und unser Darmmikrobiom (Darmflora) auswirken. Je mehr verschiedene Gemüsesorten Sie essen, desto besser sind Sie mit allen wichtigen Vitaminen und Mineralstoffen versorgt. Verwenden Sie außerdem möglichst viele verschiedene Kräuter zum Würzen, denn sie runden die Speisen geschmacklich ab und machen sie bekömmlicher. Essen Sie mittags und abends mindestens eine Portion Gemüse und/oder Salat.

Ein bunter Salat gehört zum Mittag- und Abendessen unbedingt dazu.

Tipps

- Wählen Sie saisonale und regionale Gemüsesorten und probieren Sie auch Gemüsesorten, die Sie noch nicht kennen. Das sorgt für Abwechslung auf dem Speiseplan.
- Drei Portionen Gemüse/Salat täglich sind ideal – davon sollte mindestens eine Portion aus Rohkost bestehen. Mit einer Portion ist die

Die tägliche Portion Obst gehört auch bei Diabetikern zum Speiseplan.

Kartoffeln und Getreideprodukte enthalten hauptsächlich Kohlenhydrate und sind unsere wichtigsten Energielieferanten.

Milch und Milchprodukte enthalten nicht nur Eiweiß, sondern auch Fett. Wählen Sie deshalb lieber Milchprodukte mit einem geringeren Fettgehalt.

Menge gemeint, die in eine Hand passt, also drei Handvoll täglich.

Obst

Ein sehr wichtiger Ernährungsbaustein ist Obst. Es ist reich an Vitaminen, Mineralstoffen, sekundären Pflanzenstoffen und Ballaststoffen. Außerdem enthält es Kohlenhydrate in Form verschiedener Zuckerarten. Diese Inhaltsstoffe haben eine positive Wirkung auf unsere Gesundheit, unsere Verdauung und unser Darmmikrobiom (Darmflora). Je bunter Ihre Obstauswahl ist, umso besser sind Sie mit allen wichtigen Vitaminen und Mineralstoffen versorgt.

Tipps

- Lassen Sie sich täglich zwei Portionen Obst, wenn möglich roh und mit Schale, schmecken.
- Weil sie püriert sind, haben Smoothies und frisch gepresste Obstsäfte einen hohen glykämischen Index. Sie gelangen viel schneller ins Blut als Obst, das Sie mit Schale essen.
- Eine Portion bezieht sich auf die Menge, die in einer Hand Platz hat.
- Wenn Sie kein Obst mögen, dann essen Sie einfach mehr Gemüse.

Getreideprodukte und Kartoffeln

Getreide, Getreideprodukte und Kartoffeln enthalten vor allem Kohlenhydrate. Sie liefern uns schnell Energie für unsere Muskeln und unser Gehirn. Deshalb sollten wir bei jeder Hauptmahlzeit Kohlenhydrate zu uns nehmen.

Tipp

- Bevorzugen Sie bei Brot, Nudeln und Reis Vollkornprodukte. Verwenden Sie Vollkornmehl für die Zubereitung von Omelettes, Spätzle, Knödeln oder Backwaren. Vollkornprodukte enthalten mehr Vitamine und Mineralstoffe, aber vor allem auch mehr Ballaststoffe. Das liegt daran, dass das ganze Korn vermahlen wird. Dabei bleiben die langkettigen Kohlenhydrate, die in der Schale und im Keimling sitzen, erhalten. Weil ihre Umwandlung in Zucker und ihre Aufnahme ins Blut langsamer ist, machen sie länger satt. Vollkornprodukte haben einen niedrigen glykämischen Index.

Milch und Milchprodukte

Milch und Milchprodukte enthalten neben Eiweiß und Fett auch Kohlenhydrate in Form von Laktose sowie Kalzium. Der Kaloriengehalt von Käse und anderen Milchprodukten hängt von ihrem Fettgehalt ab. Deshalb sollten Sie, wenn Sie auf Ihr Gewicht achten wollen oder müssen, zu Halbfett- oder Magerprodukten greifen und nicht zu viel davon essen.

Tipps

- Naturjoghurt ist besser als Fruchtjoghurt, dem häufig zusätzlich Zucker zugefügt wurde.
- Milch und Milchprodukte können täglich zwei- bis dreimal konsumiert werden. Die Menge pro Portion sollte bei 200 ml Milch oder 125–180 g

Frau Brichta
Vertretung des Südtiroler Diabetikerbundes

Herr Profanter
Bäckermeister

Frau Kofler
Ernährungstherapeutin

Mehr Infos unter ***www.profanter.it***

Vollkorn ist Trumpf!

Vollkorn ist Trumpf! Mehr Vitamine, mehr Spurenelemente, mehr Ballaststoffe, mehr Vitalstoffe, mehr hochwertige ungesättigte Fettsäuren, mehr Energie – aber vor allem: mehr Geschmack und bessere Verdaulichkeit! Vollkorn bietet eine Vielzahl von Mehrwerten und Vorteilen gegenüber Auszugsmehlen – nicht nur für Diabetiker. Deshalb setzt die Natur-Backstube Profanter bereits seit 1982 auf täglich frisch gemahlenes Vollkornmehl. Mit der eigenen Hausmühle wird garantiert, dass auch wirklich das ganze Korn mit all seinen wertvollen Inhaltsstoffen verwendet wird.
Zu einer gesunden und ausgewogenen Ernährung gehört neben Vollkorn auch der Verzehr der verschiedenen Urgetreide. Dinkel, Emmer, Kamut & Co. haben einen weitaus höheren ernährungsphysiologischen Mehrwert, als beispielsweise Weizen. In der heutigen modernen Küche wird fast ausschließlich Weizen als Getreide verwendet – dies führt schnell zu einer einseitigen Ernährung. Ein Ernährungsmix aus den verschiedensten Urgetreiden liefert wertvolle Nährstoffe und hilft dem Körper gesund und fit zu bleiben. Urgetreide- und Vollwert-Produkte machen länger satt und geben über längere Zeit Energie. Das ist nicht nur für einen ausgeglicheneren Blutzuckerspiegel wichtig, sondern auch für alle, die auf ihre Figur oder ihren Körper achten möchten. Und damit der Genuss auch wirklich gesund und ohne Reue ist, werden alle Backwaren zu 100 % in biologischer Qualität hergestellt, ganze ohne künstliche Backhilfsmittel und Fertigmischungen.

Mit den besten Grüßen aus der Natur-Backstube!

Benjamin Profanter
Bäckermeister & Brot-Sommelier

Achten Sie bei eiweißreichen Lebensmitteln auf eine gute Qualität.

Naturjoghurt oder 50–60 g gereiftem Käse oder 100 g Quark, Robiola, Stracchino oder anderen Frischkäsesorten liegen.

Fleisch, Fisch, Eier und Hülsenfrüchte

Fleisch, Fisch und Eier enthalten vor allem Eiweiß, aber auch wichtige Vitamine und Mineralstoffe. Hier gilt: Qualität vor Quantität. Das heißt, Sie sollten Fleisch nur etwa zweimal pro Woche essen, wenn möglich Biofleisch bzw. qualitativ hochwertiges Fleisch.

Fleischwaren wie Schinken, Rohschinken, Bresaola, Speck und Bündnerfleisch können ebenfalls etwa zweimal pro Woche verzehrt werden. Stark verarbeitete Wurstwaren wie Mortadella, Lyoner, Salami, Servelade usw. sind wegen ihres hohen Fettgehaltes und anderer Zusatzstoffe nicht empfehlenswert.

Essen Sie ein- bis zweimal pro Woche **Fisch** und achten Sie auch hier auf gute Qualität. Tiefgefrorener Fisch ist nicht nur praktisch, sondern auch qualitativ hochwertig, da er sofort nach dem Fang eingefroren wird.

Empfehlenswert ist der Verzehr von drei **Eiern** pro Woche, am besten Freiland- oder Bio-Eier.

Hülsenfrüchte wie Bohnen, Erbsen, Linsen, Kichererbsen, Soja u. a. sind sehr eiweißreiche pflanzliche Lebensmittel. Sie enthalten darüber hinaus Vitamine, Mineralstoffe, Kohlenhydrate und Ballaststoffe. Hülsenfrüchte sollten Sie mehrmals wöchentlich auf Ihren Teller bringen. Sie sind ein guter Ersatz für Fleisch, Wurstwaren, Fisch und Eier. Für Veganer und Vegetarier sind sie unverzichtbar.

Fette und Öle

Die Hauptbestandteile in Fett und Öl sind Fettsäuren und die fettlöslichen Vitamine A, D, E und K.

Bei den Fettsäuren unterscheiden wir zwischen gesättigten und ungesättigten Fettsäuren. Gesättigte Fettsäuren sind vor allem in tierischen Produkten enthalten, zum Beispiel in Butter,

Pflanzliche Öle gelten als gesunde Fette.

Butterschmalz, Schweineschmalz, Sahne, Mascarpone, Crème fraîche sowie in fetten Wurstwaren und fettem Fleisch. Gesättigte Fette sollten sparsam konsumiert werden, da sie Ablagerungen in den Blutgefäßen fördern. Einfach ungesättigte Fettsäuren und mehrfach ungesättigte Fettsäuren haben dagegen eine gute Wirkung auf die Blutgefäße. Sie sind vor allem in pflanzlichen Ölen, Nüssen und Avocados enthalten.

Jedes Öl besteht aus verschiedenen Fettsäuren, einige davon kann unser Körper nicht selbst aufbauen. Diese sogenannten essentiellen Fettsäuren müssen über die Nahrung aufgenommen werden. Verwenden Sie für Speisen, die nicht stark erhitzt werden – besonders für Salate und Gemüse – unterschiedliche Öle, z. B. Weizenkeimöl, Rapsöl, Kürbiskernöl, Leinöl, Olivenöl, Nussöl. Zum Kochen sollten Sie besser ein neutrales Öl benutzen, z. B. Erdnussöl, Rapsöl, Maiskeim- oder Sonnenblumenöl. Achten Sie darauf, dass Sie diese Öle aber nicht zu stark erhitzen.

Sparen Sie bei pflanzlichen Ölen nicht an der Qualität, sehr wohl aber an der verwendeten Menge.

Als Brotaufstrich sollte Butter sparsam eingesetzt werden und auch zum Braten oder Abschmälzen sollten Sie sie eher selten verwenden.

Margarine, Kokosfett und stark verarbeitete Lebensmittel wie Süßigkeiten, Kuchen, Kekse, Grissini und Kräcker enthalten häufig hydrogenisierte Fette, d. h. preiswerte, chemisch gehärtete Pflanzenfette. Diese Fette sind genauso schädlich wie gesättigte tierische Fette. Produkte, auf deren Zutatenliste der Hinweis „enthält gehärtete oder zum Teil gehärtete Fette“ steht, sollten Sie vermeiden.

Beim Frittieren und Braten entstehen sogenannte Transfettsäuren, die das schlechte LDL-Cholesterin erhöhen. Deshalb sollten Sie selten zu Wiener Schnitzel, Pommes frites, Krapfen, Strauben usw. greifen.

Süßes

Süßigkeiten enthalten hauptsächlich Zucker. Im Rahmen einer gesunden Ernährung können auch Diabetiker Süßigkeiten in kleinen Mengen verzehren. Wie viel und wie oft Süßes erlaubt ist, hängt von den Blutzuckerwerten ab. Wenn die Süßigkeit direkt nach dem Essen, also als Nachspeise, gegessen wird, dann wirkt sie sich nicht so sehr auf den Blutzuckerspiegel aus wie zu anderen Zeiten.

Süßigkeiten und verarbeitete Lebensmittel enthalten nicht nur Zucker, sondern auch ungesunde gesättigte Fette.

Bei Alkohol gilt: Weniger ist mehr!

Reduzieren Sie beim Backen von Kuchen oder Keksen die Zuckermenge und ersetzen Sie das Weißmehl durch Vollkornmehl. Auf diese Weise verringert sich der glykämische Index.
Bei einer Unterzuckerung (Hypoglykämie) kann durch die Gabe von Zucker ein schneller Blutzuckeranstieg erreicht werden. Je nach Blutzuckerwert helfen Traubenzucker, Säfte, Kuchen oder Kekse.
Schokolade ist bei einer Hypoglykämie nicht geeignet, da der Blutzucker wegen des hohen Fettgehaltes viel zu langsam ansteigen würde.
Süßstoffe und Zuckeraustauschstoffe sind zwar Alternativen zu Zucker, aber in größeren Mengen nicht empfehlenswert. Süßstoffe sind kalorienfrei, eignen sich aber nur bedingt zum Backen. Einige Beispiele für Süßstoffe sind Saccharin, Aspartam, Acesulfam K oder Stevia. Zuckeraustauschstoffe enthalten dagegen Kalorien und beeinflussen den Blutzucker geringfügig. In größerer Menge konsumiert, verursachen sie oft Nebenwirkungen wie Durchfall. Einige Beispiele für Zuckeraustauschstoffe sind Fruktose, Sorbit, Xylit (Birkenzucker), Mannit oder Isomalt.

Alkohol

Ein Glas Wein oder Bier zum Essen kann ein Genuss sein und eine Mahlzeit abrunden. Diabetiker sollten Alkohol immer während des Essens, also zusammen mit der Aufnahme von Kohlenhydraten, konsumieren. Denn Alkohol blockiert die Leber und somit die Zuckerneubildung (Gluconeogenese), es besteht daher die Gefahr einer Unterzuckerung (Hypoglykämie). Aus diesem Grund darf für Alkohol niemals Insulin gespritzt werden. Außerdem ist Alkohol ein Zellgift und sollte weder täglich noch in großen Mengen getrunken werden.

TIPPS FÜR IHRE GESUNDHEIT

- Trinken Sie nach dem Aufstehen, also auf nüchternen Magen, ein Glas lauwarmes Wasser, das regt die Darmperestaltik, d. h. die Darmtätigkeit, an.
- Vergessen Sie auch untertags nicht, genügend zu trinken. Nehmen Sie immer eine Wasserflasche mit oder stellen Sie sie, da wo Sie sich aufhalten, gut sichtbar hin.
- Essen Sie dreimal täglich Gemüse oder Salat, davon mindestens einmal am Tag Rohkost. Klein geschnittene rohe Karotten, Kohlrabi und Fenchel sind ein gesunder Snack für zwischendurch oder für die Mittagspause.
- Obst ist ideal zum Mitnehmen und für den Hunger zwischendurch.
- Bevorzugen Sie regionales und saisonales Obst und Gemüse.
- Essen Sie öfters Vollkornbrot oder Vollkornreis und verwenden Sie Vollkornmehl zum Kochen und Backen.
- Kaufen Sie Qualitätsfleisch aus artgerechter Tierhaltung oder Biofleisch.
- Essen Sie öfters Bohnen, Erbsen, Kichererbsen, Linsen usw.
- Verwenden Sie verschiedene pflanzliche Öle – aber sparsam.
- Essen Sie fettreiche Speisen und Frittiertes nur selten.
- Selbst gemachte Süßigkeiten enthalten weniger Zucker und Fett.
- Trinken Sie wenig Alkohol und wenn, dann zu den Mahlzeiten.
- Greifen Sie nur selten zu Fertigprodukten und vermeiden Sie Fastfood.
- Nehmen Sie sich Zeit fürs Essen: Kauen Sie gut und essen Sie langsam.
- Versuchen Sie, sich im Alltag mehr zu bewegen, denn Bewegung verbessert die Blutzuckerwerte. Suchen Sie sich eine Sportart, die Ihnen Spaß macht und nehmen Sie öfter die Treppe oder gehen Sie kurze Strecken zu Fuß. Auch Beschäftigungen wie Seilspringen oder Tanzen sind ideal.

KOHLENHYDRATE

KH werden eingeteilt in:

- **Einfachzucker oder Monosaccharide:** Sie bestehen aus einem Zuckerbaustein und werden sehr schnell vom Blut aufgenommen, z. B. Traubenzucker (= Glukose, Dextrose) oder Fruchtzucker (Fruktose).
- **Zweifachzucker oder Disaccharide:** Sie bestehen aus zwei Zuckerbausteinen und werden ebenfalls schnell vom Blut aufgenommen, z. B. Rohr- oder Rübenzucker (Saccharose), Milchzucker (Laktose), Malzzucker (Maltose).
- **Vielfachzucker oder komplexe Kohlenhydrate:** Sie bestehen aus langen Zuckerketten und werden langsam vom Blut aufgenommen, z. B. Stärke.

GLYKÄMISCHER INDEX

(GI oder Glyx)

Der glykämische Index ist ein Wert, der angibt, wie schnell Kohlenhydrate in Glukose umgewandelt werden und in den Blutkreislauf gelangen. Je höher der GI, desto schneller erfolgt die Aufnahme und der Blutzuckeranstieg. Je niedriger der GI, desto langsamer erfolgt die Aufnahme der Kohlenhydrate und der Blutzuckeranstieg. Kohlenhydrate sind die wichtigsten Energielieferanten für unseren Körper. Sie lassen den Blutzucker ansteigen. Kohlenhydrate mit einem niedrigen glykämischen Index sollten bevorzugt werden, da so die Entstehung hoher Blutzuckerkonzentrationen (Blutzuckerspitzen) verhindert wird.

Kohlenhydrate mit einem niedrigen GI scheinen sich auch positiv auf bestimmte Risikofaktoren auszuwirken, z. B. auf eine Arterienverkalkung. Für Typ-1-Diabetiker mit einer Hypoglykämie (Unterzuckerung) ist es allerdings wichtig, sofort Kohlenhydrate mit hohem glykämischen Index zu sich nehmen, z. B. in Form von Traubenzucker oder Säften. In diesem Fall ist eine rasche Erhöhung des Blutzuckers gewünscht. Anschließend sollten noch Kohlenhydrate mit niedrigem GI gegessen werden, um den Blutzucker konstant zu halten.

Kohlenhydrathaltige Lebensmittel

- Brot, Gebäck, Getreideprodukte, Teigwaren, Reis, Knödel, Nocken usw.
- Kartoffeln und Kartoffelprodukte
- Obst, Obstsäfte und Trockenobst

ABKÜRZUNGEN

kcal	Kilokalorien
kJ	Kilojoule
E	Eiweiß/Proteine
F	Fett
KH	Kohlenhydrate
BE	Broteinheit
CHOL	Cholesterin
BS	Ballaststoffe
FPE	Fett-Protein-Einheit
GI / Glyx	Glykämischer Index

DER GLYKÄMISCHE INDEX

Die farbigen Balken unter den Rezepten sind eine zusätzliche Hilfe, um sich über die Art und Menge der im Gericht enthaltenen Kohlenhydrate und die Geschwindigkeit ihrer Aufnahme ins Blut zu informieren.

- **Einfache Kohlenhydrate** wie Zucker führen zu einem schnellen und höheren Blutzuckeranstieg – *dunkelorange bis rote Balken.*
- **Komplexe Kohlenhydrate,** d. h. lange Kohlenhydratketten, bewirken einen langsameren, mittleren Blutzuckeranstieg – *gelbe bis hellorange Balken.*
- Gerichte die **viele Ballaststoffe** enthalten, z. B. Gemüsegerichte oder Vollkornprodukte, bewirken einen sehr langsamen bzw. geringen Blutzuckeranstieg – *grüne Balken.*

Für unseren Blutzucker ist es besser, langsame und mittlere Kohlenhydrate zu essen. Schnell resorbierbare Kohlenhydrate (Zucker) können mit langsam resorbierbaren Kohlenhydraten (aus Vollkornprodukten oder Gemüse) kombiniert werden, um ihre Aufnahme zu verzögern.

- Milch und flüssige Milchprodukte (Joghurt, Buttermilch, Molke ...)
- zuckerhaltige Speisen und Getränke
- Honig, Marmelade, Zucker, Süßigkeiten, Süßspeisen
- Hülsenfrüchte
- Gemüse

Der glykämische Index eines Lebensmittels wird darüber hinaus durch verschiedene Faktoren beeinflusst.

- **Fettgehalt:** Der Fettgehalt eines Lebensmittels verzögert die Aufnahme der Kohlenhydrate. Es macht also einen Unterschied, ob Brot pur oder mit Belag gegessen wird.
- **Verarbeitungsgrad:** Gekochte Lebensmittel haben meist einen höheren glykämischen Index, weil beim Kochen die Zellen zerstört wurden und der Zucker so schon freigesetzt wurde. Dies gilt auch für stark zerkleinerte Lebensmittel.
- **Ballaststoffmenge:** Ballaststoffe hemmen die schnelle Aufnahme der verschiedenen Zuckerarten; je höher der Ballaststoffanteil, desto langsamer steigt der Blutzuckerspiegel.

BROTEINHEIT

(BE)

Insulinpflichtige Diabetiker müssen für die Kohlenhydrate, die sie zu sich nehmen, Insulin spritzen. Um die Kohlenhydratmenge und die Insulindosis besser aufeinander abstimmen zu können, gibt es die Broteinheiten. Die BE ist eine Berechnungseinheit, mit der man den Gehalt an Kohlenhydraten berechnen kann. 1 Broteinheit (BE) entspricht der Menge von 12 g Kohlenhydraten.

KOHLENHYDRAT-EINHEITEN

(KE)

Die Kohlenhydrateinheiten sind eine weitere Schätzhilfe (siehe BE) für Diabetiker, die ihnen hilft, das Insulin für die Mahlzeiten genauer zu dosieren. 1 Kohlenhydrateinheit (KE) entspricht 10 g Kohlenhydraten.

FETT-PROTEIN-EINHEITEN

(FPE)

Nicht nur Kohlenhydrate wirken sich auf den Blutzucker aus, sondern auch Fette und Proteine (Eiweiße). Bei Mahlzeiten, die zum Großteil bzw. ausschließlich aus Eiweißen und Fetten bestehen, wird ein Teil dieser Bestandteile verzögert in Glukose umgewandelt. Fette und Proteine werden in der Leber durch Glukoneogenese (Zuckerneubildung) zu Glukose. Dies erfordert Zeit. Deshalb erfolgt der Blutzuckeranstieg aus Fetten und Proteinen zeitverzögert und dauert mehrere Stunden.

Verzögerungszeit der Insulinabgabe für Fette und Proteine

Zahl der FPE	Insulinmenge	Verzögerungszeit
bis 1 FPE	keine Insulingabe	
2 FPE	wie für 2 BE	über 4 Stunden
3 FPE	wie für 3 BE	über 5 Stunden
4 FPE oder mehr	wie für 4 bzw. mehr BE	über 6–8 Stunden

Die Blutzuckermessung ist für die richtige Dosierung von Insulin wichtig.

Für wen ist die FPE-Berechnung geeignet?

Empfehlenswert ist die Berechnung von FPE ausschließlich für Patienten mit Typ-1-Diabetes, die mit einer Insulinpumpentherapie versorgt werden und deren Mahlzeiten nur bzw. größtenteils aus Fetten und Eiweißen bestehen. Bleibt der Blutzucker nach der Mahlzeit im Normbereich, ist es nicht notwendig, etwas zu verändern. Bei einem scheinbar unerklärlichen Blutzuckeranstieg einige Stunden nach dem Genuss bestimmter Speisen (z. B. Pizza), könnte die Berechnung der Fett-Protein-Einheiten helfen.
Bis zu einer gewissen Menge wird der Insulinanteil, der für die Fette und Proteine notwendig ist, mit dem Basalinsulin oder dem Mahlzeitenbolus abgedeckt. Nur wenn der Fett- und Proteinanteil der Mahlzeit über das normale Maß hinausgeht, werden die Fett-Protein-Einheiten berücksichtigt.

Berechnungen

Für die Berechnung der FPE muss man wissen, wie viel Fett und wie viele Proteine die Lebensmittel enthalten.

100 kcal aus Fett und/oder Proteinen = 1 FPE

Die Anzahl der FPE errechnet sich, indem man:

- die Fettmenge (in Gramm) einer Mahlzeit durch 11 teilt **und**
- die Proteinmenge (in Gramm) einer Mahlzeit durch 25 teilt

Die Summe aus beiden Ergebnissen ergibt die FPE.

Die Insulinabgabe für Kohlenhydrate erfolgt direkt und schnell.
Die Insulinabgabe für FPE erfolgt VERZÖGERT.
Die Insulinmenge für eine FPE entspricht einer BE für die Kohlenhydrate. Die Dauer der Verzögerungszeit hängt von der Menge der FPE ab. Je höher der Fett-Protein-Anteil, desto länger ist die Wirkung auf den Blutzucker.

Lassen Sie sich von Ihrem Diabetologen eine ernährungstherapeutische Schulung verschreiben, damit Sie lernen, die Berechnungen korrekt durchzuführen.

Beispiel

Eine Salami-Pizza enthält insgesamt:

Kcal	863
KH	107,9 g
Fett	31,9 g
Proteine/Eiweiß	36,5 g

Berechnung der FPE

31,9 : 11 = 2,9
\+
36,5 : 25 = 1,46

4,36 FPE
(verwendet werden 4 FPE)

Berechnung der BE
107,9 KH : 12 = 9 BE

KALTE VORSPEISEN

Appetithappen mit vielen Vitaminen

Zucchini-Bruschetta

Für 4 Personen

ZUTATEN
- 200 g **Zucchini**
- ½ **Knoblauchzehe,** *fein gehackt*
- 2 EL **Olivenöl** *zum Dünsten*
- 1 TL **Basilikum,** *fein geschnitten*
- 1 **frischer Peperoncino** *(Chilischote), fein geschnitten*
- **Salz**
- **Pfeffer** *aus der Mühle*
- 8 **Weißbrotscheiben** *(zu je 60 g; Ciabatta, Ölbrot oder Baguette), getoastet*
- 20 g **feine Zwiebelstreifen**
- **Dill** *zum Garnieren*
- **Pfeffer** *aus der Mühle*

Zubereitung

- Zucchini putzen, waschen, entkernen und in kleine Würfel schneiden.
- Knoblauch in etwas Olivenöl dünsten, Zucchini dazugeben und etwa **2 Minuten** mitdünsten.
- Mit Basilikum, Peperoncino, Salz und Pfeffer würzen.
- Zucchini auf getoastete Weißbrotscheiben geben, mit feinen Zwiebelstreifen, Dill und frisch gemahlenem Pfeffer garniert servieren.

Mittlere Nährwerte pro Portion

kcal 396 (kJ 1.658)
E 10 g **F** 6 g **KH** 77 g **BE** 6,5
CHOL 1 mg **BS** 5 g **FPE** 1
GI

HINWEIS → Verwenden Sie Vollkornbrot, um die Ballaststoffmenge zu erhöhen und den glykämischen Index zu verringern.

VEGAN

Büffelmozzarella mit Grillgemüse

Für 4 Personen

GEGRILLTES GEMÜSE
100 g ***Zucchini***
100 g ***Melanzane*** *(Auberginen)*
1 ***Fenchelknolle***
1 ***Tomate***
1 ***Knoblauchzehe***
60 ml ***Olivenöl***
Pfeffer *aus der Mühle*
Salz

KRÄUTERÖL
1 EL ***Petersilie***
1 EL ***Dill***
1 TL ***Basilikum***
40 ml ***Olivenöl***

WEITERES
400 g ***Büffelmozzarella,*** *in Scheiben geschnitten*
Basilikum *zum Garnieren*

Gegrilltes Gemüse

- Zucchini und Melanzane waschen, putzen und in Scheiben schneiden.
- Fenchelknolle in dünne Scheiben schneiden.
- Tomate ebenfalls waschen, vierteln, das Kerngehäuse herausschneiden und etwas platt drücken.
- Knoblauch schälen, fein hacken und in Olivenöl legen.
- Das vorbereitete Gemüse mit Pfeffer und Knoblauchöl **10 Minuten** marinieren.
- Salzen, auf den vorgeheizten Grill legen und etwa **5 Minuten** beidseitig grillen.

Kräuteröl

- Petersilie, Dill und Basilikum waschen, trocken tupfen und mit Olivenöl fein aufmixen.
- Das Kräuteröl eventuell durch ein feines Sieb seihen.

Fertigstellung

- Gemüse auf Tellern anrichten, mit Büffelmozzarellascheiben, Basilikum und Kräuteröl garnieren und servieren.

Mittlere Nährwerte pro Portion
kcal 447 (kJ 1.871)
E 19 g **F** 40 g **KH** 4 g **BE** 0
CHOL 56 mg **BS** 4 g **FPE** 4
GI

HINWEIS → Bei bestehendem Übergewicht oder erhöhtem Cholesterinwert auf die Fettmenge achten! Verwenden Sie anstelle des fettreichen Büffelmozzarellas normalen Kuhmilchmozzarella oder Mozzarella light. Verzichten Sie auf das Kräuteröl zum Garnieren des Gerichtes.

GLUTENFREI

Blattsalate mit Speck

Für 4 Personen

ZUTATEN

- 160 g ***Blattsalate*** *wie Maikönig, Vogelesalat (Feldsalat), Eichblatt, Lollo rosso, Rucola, Frisée*
- 1 EL ***Schalotten,*** *in Würfel geschnitten und gedünstet*
- 2 EL ***Weißweinessig***
- 50 ml ***Fleischsuppe*** *(s. S. 158) oder Wasser*
- ***Salz***
- ***Pfeffer*** *aus der Mühle*
- 4 EL ***Walnussöl***

WEITERES

- 50 g ***Speck,*** *in Streifen geschnitten und geröstet*
- 12 ***Speckscheiben***

Zubereitung

- Blattsalate putzen, waschen und mundgerecht zupfen.
- Schalotten in einer Schüssel mit Weißweinessig, Fleischsuppe, Salz und Pfeffer verrühren, Walnussöl einrühren und die Blattsalate damit marinieren.
- Den Salat auf Teller geben und mit Speckscheiben und gerösteten Speckstreifen servieren.

Mittlere Nährwerte pro Portion

kcal 219 (kJ 917)
E 12 g **F** 18 g **KH** 1 g **BE** 0
CHOL 36 mg **BS** 1 g **FPE** 2
GI

HINWEIS → Der geröstete Speck hat viele gesättigte Fettsäuren, Diabetiker mit erhöhten Cholesterinwerten sollten den Speck weglassen.

GLUTENFREI

Tramezzini mit Rindstatar

Für 4 Personen, 16 kleine Tramezzini

ZUTATEN

- 250 g **Rindsfilet** *oder Spitzrose/Hüfte (ohne Haut und Sehnen)*
- 1 TL **Kapern,** *gehackt*
- 1 TL **Essiggurken,** *gehackt*
- 1 TL **Petersilie,** *fein geschnitten*
- 2 **Sardellenfilets** *in Öl, gehackt*
- 1 TL **Zwiebeln,** *fein geschnitten*
- ½ TL **Senf**
- ½ TL **Zitronensaft**
- ½ **Knoblauchzehe,** *fein gehackt*
- 1 **Eigelb**
- **Salz**
- **Pfeffer** *aus der Mühle*

WEITERES

- 30 g **weiche Butter**
- 8 **Tramezzini-Brotscheiben** *(10 x 10 cm)*
- 1 EL **kleine Zwiebelringe** *zum Garnieren*
- 2 EL **Kresse** *zum Garnieren*

Zubereitung

- Rindsfilet in sehr feine Würfel schneiden oder faschieren.
- Mit Kapern, Essiggurken, Petersilie, Sardellenfilets, Zwiebeln, Senf, Zitronensaft, Knoblauch, Eigelb, Salz und Pfeffer vermischen.

Fertigstellung

- Butter cremig rühren.
- Tramezzini-Brotscheiben damit bestreichen. Auf vier Scheiben Rindstatar geben, die restlichen Brotscheiben darauflegen und in gleichmäßige Dreiecke schneiden.
- Tramezzini auf einem Teller anrichten, mit Zwiebelringen und Kresse garnieren und servieren.

Mittlere Nährwerte pro Portion

kcal 286 (kJ 1.197)
E 17 g **F** 14 g **KH** 24 g **BE** 2
CHOL 116 mg **BS** 1 g **FPE** 2
GI ■■■□□□□□□□□

HINWEIS → Verwenden Sie Vollkorntoastbrot, um die Ballaststoffmenge zu erhöhen und den glykämischen Index zu verringern.

Kalb-Gemüse-Sülze mit Rettichsalat

Für 4 Portionen, 12 Stück

KALB-GEMÜSE-SÜLZE

- *300 g* ***gekochte Kalbsschulter*** *oder Rindstafelspitz*
- *200 g* ***Stangensellerie, Karotten*** *und* ***Petersilienwurzeln,*** *in kleine Würfel geschnitten*
- *500 ml* ***Fleischsuppe*** *(s. S. 158)*
- *6 Blatt* ***Gelatine***
- *2 TL* ***Weißweinessig***
- ***Salz***
- ***Pfeffer*** *aus der Mühle*

RETTICHSALAT

- *1* ***weißer Rettich*** *(etwa 500 g)*
- *2 EL* ***Weißweinessig***
- *3 EL* ***Öl***
- ***Salz***
- ***weißer Pfeffer*** *aus der Mühle*

WEITERES

- *12* ***Blutsauerampfer*** *zum Garnieren*
- ***Schnittlauch,*** *fein geschnitten*

Kalb-Gemüse-Sülze

- Die gekochte Kalbsschulter in gleich große Würfelchen schneiden.
- Das Gemüse in Salzwasser etwa **2 Minuten** kochen, im kalten Wasser auskühlen und abtropfen lassen.
- Die Gelatine in reichlich kaltem Wasser etwa **15 Minuten** einweichen.
- Die Fleischsuppe leicht erwärmen.
- Die Gelatineblätter ausdrücken, in der Suppe auflösen und mit Weißweinessig, Salz und Pfeffer abschmecken.
- Die Fleisch- und Gemüsewürfel in passende Halbkugelformen füllen und die Fleischsuppe darübergießen.
- Die Sülze mindestens **2 Stunden** kühl stellen.

Rettichsalat

- Den Rettich schälen und mit einem Gemüsehobel fein raspeln oder in Streifen schneiden.
- Mit Weißweinessig, Öl, Salz und Pfeffer abschmecken.

Fertigstellung

- Die Formen kurz in heißes Wasser tauchen und die Sülze stürzen.
- Den Rettichsalat zu Nocken formen und auf die Sülze legen, mit Blutsauerampfer und Schnittlauch garnieren und servieren.

Tipps

- Sie können die Kalb-Gemüse-Sülze mit Rotweindressing servieren.
- Wenn gerade Saison ist, können Sie zur Sülze Steinpilze oder Pfifferlinge zufügen.
- Statt Rettichsalat servieren Sie weiße Rüben, Knödelsalat oder gemischte Blattsalate.
- Achten Sie darauf, dass die Kalb-Gemüse-Sülze nicht zu kalt serviert wird.

Mittlere Nährwerte pro Portion

kcal 23 (kJ 980)
E 22 g **F** 11 g **KH** 12 g **BE** 0
CHOL 0 mg **BS** 6 g **FPE** 2
GI

HINWEIS → Diese Vorspeise enthält kaum Blutzucker erhöhende Kohlenhydrate und muss daher nicht berechnet werden. Sehr fett- und kalorienarme Vorspeise.

→ Die Schärfe im Rettich kommt von den Senfölen, die eine antibiotische Wirkung haben. Rettich enthält viel Vitamin C.

GLUTENFREI

Rindscarpaccio mit Kräuterfüllung

Für 4 Personen

RINDSCARPACCIO
- 400 g **Rindsfilet**
- 2 EL **Petersilie**
- 1 EL **Basilikum**
- 1 TL **Rosmarin**
- 1 TL **Thymian**
- ½ **Knoblauchzehe**

SALAT
- 4 EL **rote** und **grüne Kresse**
- 2 EL **Gartenkresse**
- 2 EL **Majoran**

KARTOFFELDRESSING (etwa 250 ml)
- 50 g **mehlige Kartoffeln**
- 1 EL **Zwiebeln,** fein geschnitten
- 1 TL **Senf**
- 150 ml **Fleischsuppe** (s. S. 158) oder Wasser
- 3 EL **Weißweinessig**
- 150 ml **Öl**
- **Salz**
- **Pfeffer** aus der Mühle

Rindscarpaccio

- Das Fleisch parieren, der Länge nach aufschneiden und flach klopfen. Kräuter und Knoblauch sehr fein hacken, mischen und auf das Fleisch streichen.
- Fleisch wie eine Roulade fest aufrollen.
- Zuerst in Klarsicht-, dann in Alufolie wickeln und bei **–18 Grad** etwa **2 Stunden** tiefkühlen.

Salate

- Die Salate fein zupfen, waschen und bereitstellen.

Kartoffeldressing

- Kartoffeln waschen, **45 Minuten** kochen oder dämpfen, auskühlen lassen, schälen und in kleine Würfel schneiden.
- Zwiebelwürfel und Senf dazugeben, Fleischsuppe und Weißweinessig einrühren. Unter ständigem Rühren das Öl dazugießen und kräftig rühren, damit eine cremige Sauce entsteht. Mit Salz und Pfeffer würzen.

Fertigstellung

- Das gefrorene Fleisch **15 Minuten** antauen lassen, aus der Folie nehmen, mit der Aufschnittmaschine oder einem scharfen Messer dünn aufschneiden und auf gekühlten Tellern kreisförmig anrichten.
- Mit Kressesalat und Kartoffeldressing garnieren und servieren.

Mittlere Nährwerte pro Portion

kcal 490 (kJ 2.052)
E 22 g **F** 43 g **KH** 5 g **BE** 0
CHOL 70 mg **BS** 2 g **FPE** 4,5
GI

HINWEIS → Fleisch sollte man nicht öfter als 2–3 mal pro Woche essen. Bevorzugen Sie magere Stücke.

→ Dieses Gericht enthält kaum Kohlenhydrate.

GLUTENFREI

Gebackener Camembert auf Rotkrautsalat

Für 4 Personen

GEBACKENER CAMEMBERT

- *100 g* ***Camembert***
- ***Salz***
- ***Pfeffer*** *aus der Mühle*
- ***Mehl, Ei*** *und* ***Brotbrösel*** *zum Panieren*

ROTKRAUTSALAT

- *200 g* ***Rotkraut*** *(Rotkohl)*
- *1 EL* ***Rotweinessig***
- *½* ***Apfel,*** *in feine Streifen geschnitten*
- *30 ml* ***Orangensaft***
- *1 TL* ***Orangenschale,*** *gerieben*
- *20 g* ***Nussöl***
- ***Salz***
- *½ TL* ***Kümmel***
- ***Pfeffer*** *aus der Mühle*

WEITERES

- ***Backfett***
- *100 g* ***halbierte, entkernte Trauben*** *zum Garnieren*

Gebackener Camembert

- Camembert achteln und eventuell mit etwas Salz und Pfeffer würzen.
- Käse in Mehl wenden, durch das verquirlte Ei ziehen und mit Brotbröseln panieren.

Rotkrautsalat

- Rotkraut putzen, waschen, halbieren, den Strunk entfernen und in sehr feine Streifen schneiden.
- Rotkraut in Salzwasser mit Rotweinessig etwa **3 Minuten** kochen, abseihen und auskühlen lassen.
- Rotkrautsalat mit Apfelstreifen, Orangensaft, Orangenschale, Nussöl, Salz, Kümmel und Pfeffer marinieren.

Fertigstellung

- Den Käse im heißen Fett bei **180 Grad** etwa **3 Minuten** backen.
- Den gebackenen Camembert mit Rotkrautsalat und halbierten Trauben anrichten und servieren.

Mittlere Nährwerte pro Portion

kcal 337 (kJ 1.411)
E 10 g **F** 23 g **KH** 24 g **BE** 0
CHOL 75 mg **BS** 2 g **FPE** 2
GI ▮▮▯▯▯▯▯▯▯▯▯▯▯▯▯

HINWEIS → Diese Vorspeise enthält kaum Blutzucker erhöhende Kohlenhydrate.

Spargelcocktail

Für 4 Personen

BOZNER SAUCE
- 2 ***Eier***
- 2 TL ***Senf***
- ***Salz***
- ***weißer Pfeffer*** *aus der Mühle*
- 2 EL ***heißes Wasser***
- 150 ml ***Sonnenblumenöl***
- 3 TL ***Weißweinessig***
- 2 EL ***Schnittlauch,*** *fein geschnitten*

SPARGELCOCKTAIL
- 250 g ***weißer Spargel***
- 250 g ***grüner Spargel***
- ***Salz***
- ***Pfeffer*** *aus der Mühle*
- 4 EL ***Olivenöl***
- 1 EL ***Zitronensaft***
- 1 EL ***Schnittlauch,*** *fein geschnitten*
- 100 g ***Kirschtomaten***
- 30 g ***Vogelesalat*** *(Feldsalat)*

Bozner Sauce

- Eier **7 Minuten** kochen, in kaltem Wasser abschrecken, schälen und Eigelb vom Eiweiß trennen. Eiweiß fein hacken.
- In einer Schüssel Eigelb mit Senf, Salz, Pfeffer und heißem Wasser gut verrühren, dann Sonnenblumenöl einrühren.
- Mit Weißweinessig würzen, Schnittlauch sowie fein gehacktes Eiweiß untermengen und bereitstellen.

Spargelcocktail

- Vom grünen und weißen Spargel die angetrockneten Enden abschneiden, Stangen schälen und in Salzwasser kochen (grüner Spargel: etwa **7 Minuten,** weißer Spargel: etwa **12 Minuten**), dann sofort in kaltem Wasser abschrecken.
- Weißen und grünen Spargel in 1 cm große Stücke schneiden, Spargelspitzen als Garnitur beiseitestellen.
- Spargelstücke mit Salz, Pfeffer, Olivenöl, Zitronensaft und Schnittlauch marinieren.

Fertigstellung

- Spargel mit halbierten Kirschtomaten und Vogelesalat anrichten, mit Spargelspitzen garnieren und zusammen mit der Bozner Sauce servieren.

Mittlere Nährwerte pro Portion

kcal 507 (kJ 2.123)
E 8 g **F** 51 g **KH** 5 g **BE** 0
CHOL 111 mg **BS** 3 g **FPE** 5
GI

HINWEIS → Diese Vorspeise enthält kaum Blutzucker erhöhende Kohlenhydrate.

ACHTUNG: → Die Bozner Sauce ist sehr fettreich.

GLUTENFREI

Rohkostsalat mit mariniertem Lachs

Für 4 Personen

ZUTATEN
- 250 g ***marinierter Lachs*** (s. S. 34)
- 50 g ***weiße Zwiebeln***
- 100 g ***Rohnen*** (Rote Bete)
- 100 g ***Salatgurken***
- 100 g ***Radieschen***

ZITRUSFRUCHT-DRESSING
- 50 ml ***Olivenöl***
- 1 TL ***Zitronensaft***
- 1 TL ***Orangenschale***, *fein gerieben*
- 1 EL ***Grapefruitsaft***
- 1 EL ***Weißweinessig***
- 20 ml ***Wasser***
- ***Salz***

WEITERES
- 60 g ***junge Spinatblätter***
- ***Dill*** zum Garnieren

Zubereitung
- Den marinierten Lachs in dünne Scheiben schneiden.
- Zwiebel in feine Ringe schneiden, Rohnen, Salatgurke und Radieschen mit der Gemüseschneidemaschine zu dünnen Spaghetti oder mit dem Gemüsehobel in feine Streifen schneiden.

Zitrusfrucht-Dressing
- Olivenöl, Zitronensaft, Orangenschale, Grapefruitsaft, Weißweinessig, Wasser und Salz gut verrühren.

Fertigstellung
- Zwiebelringe, Gemüsespaghetti und Spinatblätter mit den marinierten Lachsscheiben auf Tellern anrichten, mit Dill garnieren und mit dem Zitrusfrucht-Dressing beträufelt servieren.

Tipps
- Anstelle der Rohnen verwenden Sie weißen Rettich oder Krautrüben (Weiße Rüben).
- Sie können den Lachs auch mit gezupften Salaten wie Rucola, Feldsalat, Radicchio oder Maikönig servieren.
- Statt Lachs kann auch Seeteufel, Forelle, Saibling, Thunfisch oder Schwertfisch verwendet werden.

Mittlere Nährwerte pro Portion

kcal 257 (kJ 1.054)
E 13 g **F** 21 g **KH** 5 g **BE** 0
CHOL 22 mg **BS** 2 g **FPE** 2
GI

HINWEIS → Dieses Gericht enthält keine den Blutzucker erhöhende Kohlenhydrate und muss nicht berechnet werden. Es ist reich an Omega-3-Fettsäuren, Vitaminen, Mineralstoffen, Ballaststoffen und sekundären Pflanzenstoffen.

GLUTENFREI

Marinierter Lachs mit Buchweizenblinis

Für 4 Personen

MARINIERTER LACHS

- *500 g* ***Lachsfilet***
- *1 TL* ***Wacholderbeeren***
- *2 EL* ***Koriandersamen***
- *1 EL* ***Senfsamen***
- *½ TL* ***Fenchelsamen***
- *125 g* ***Salz***
- *100 g* ***Zucker***
- *8 g* ***Paprikapulver***
- *5 g* ***weißer Pfeffer*** *aus der Mühle*
- *1 EL* ***Dill***
- *1 EL* ***Thymian***
- *1 EL* ***Petersilie***

BUCHWEIZENBLINIS

- *10 g* ***Hefe***
- *100 ml* ***lauwarme Milch***
- *25 g* ***Weizenmehl***
- *125 g* ***Buchweizenmehl*** *(Schwarzpolentamehl)*
- *2* ***Eigelb***
- ***Salz***
- *2* ***Eiweiß***
- ***Öl*** *zum Backen*

WEITERES

- ***Olivenöl*** *zum Bestreichen*
- ***schwarzer Sesam*** *zum Garnieren*
- ***Knoblauchsprossen***
- ***Kresse*** *oder Vogelesalat (Feldsalat) zum Garnieren*
- ***Schnittlauch*** *zum Garnieren*

Marinierter Lachs

- Lachsfilet entgräten und in einen flachen Behälter legen.
- Wacholderbeeren, Koriander-, Senf- und Fenchelsamen zerdrücken und mit Salz, Zucker, Paprikapulver und Pfeffer in einer Schüssel vermischen.
- Dill, Thymian und Petersilie grob schneiden.
- Lachsfilet rundum mit Kräutern und Gewürzen bedecken, mit Klarsichtfolie abdecken und **12 Stunden** im Kühlschrank marinieren lassen.
- Lachs aus der Marinade nehmen, abwaschen, abtrocknen und im Kühlschrank ruhen lassen (je länger, desto besser – auch zwei Tage).

Buchweizenblinis

- Für das Dampfl Hefe in der lauwarmen Milch auflösen, zum Mehl geben, verrühren und zugedeckt **20 Minuten** an einem warmen Ort gehen lassen.
- Buchweizenmehl, Eigelb und Salz zum Dampfl geben und mit dem Kochlöffel gut durchschlagen.
- Weitere **20 Minuten** an einem warmen Ort gehen lassen.
- Eiweiß zu Eischnee schlagen und unter den Teig heben.
- In einer heißen Pfanne etwas Öl erwärmen, jeweils Häufchen von 1 Esslöffel Teig hineingeben und Blinis beidseitig etwa **5 Minuten** goldbraun backen.

Fertigstellung

- Den marinierten Lachs mit Olivenöl bestreichen, in Scheiben schneiden, mit schwarzem Sesam, Knoblauchsprossen und Kresse garnieren.
- Mit Buchweizenblinis und Schnittlauch servieren.

Tipps

- Servieren Sie 1 Esslöffel Dillsauerrahm dazu (Sauerrahm mit fein geschnittenem Dill, Pfeffer und Salz gewürzt, siehe Bild) und garnieren Sie ihn mit Schnittlauch.

Mittlere Nährwerte pro Portion

kcal 705 (kJ 2.952)
E 33 g **F** 42 g **KH** 53 g **BE** 4,5
CHOL 166 mg **BS** 3 g **FPE** 5
GI ■■■■■■■■■■■■

HINWEIS → Lachs enthält wertvolle Omega-3-Fettsäuren. Essen Sie mindestens einmal pro Woche Fisch!

Lachstatar

Für 4 Personen

MARINIERTER LACHS

- *1 kg* ***Lachsfilet*** *(1 Lachsseite)*
- *20 g* ***Dill***
- *1* ***Schalotte,*** *in Streifen geschnitten*
- *5 ml* ***Zitronensaft***
- *5 ml* ***Weißweinessig***
- *130 g* ***feines Salz***
- *50 g* ***Zucker***
- *2* ***Wacholderbeeren,*** *zerdrückt*
- *1 l* ***kalte Milch*** *zum Einlegen des Lachsfilets*
- *4 EL* ***Olivenöl*** *zum Bestreichen*

WEITERES

- *2 TL* ***Olivenöl***
- *1 TL* ***Dillspitzen***
- *1 Spritzer* ***Zitronensaft***
- ***Salz***
- ***Pfeffer*** *aus der Mühle*
- ***Kräutersalate:*** *Dill, Rohnensprossen, Zwiebelsprossen, Friseé, Radicchio, Vogelesalat (Feldsalat)*
- *2 EL* ***Zitronenmayonnaise*** *zum Garnieren*
- ***rosa Pfeffer,*** *zerdrückt*

Marinierter Lachs

- Lachsfilet entgräten und in einen flachen Behälter legen.
- Dill und Schalotten auf das Lachsfilet geben, mit Zitronensaft und Weißweinessig beträufeln.
- Salz mit Zucker und Wacholderbeeren vermischen und auf das Lachsfilet streuen.
- Mit Klarsichtfolie abdecken und im Kühlschrank **12 Stunden** ruhen lassen.
- Kräuter entfernen und den Fisch **1 Stunde** in die kalte Milch legen.
- Filet aus der Milch nehmen, mit Küchenkrepp gut abtrocknen, mit Olivenöl bestreichen und im Kühlschrank **12 Stunden** ruhen lassen.

Fertigstellung

- Lachsfilet häuten und die braune Fettschicht entfernen.
- Für 4 Personen etwa 200 g marinierten Lachs fein hacken.
- Olivenöl, Dillspitzen und Zitronensaft dazugeben und mit Salz und Pfeffer würzen.
- Lachstatar mit einem Löffel in einen Metallring drücken, Törtchen formen und mit Kräutersalaten auf Tellern anrichten.
- Mit Zitronenmayonnaise und rosa Pfeffer garniert servieren.

Mittlere Nährwerte pro Portion

kcal 190 (kJ 795)
E 10 g **F** 16 g **KH** 2 g **BE** 0
CHOL 18 mg **BS** 1 g **FPE** 2
GI

HINWEIS → Lachs enthält viele Omega-3-Fettsäuren, bereiten Sie ihn daher ruhig öfter zu.

→ Typ-1-Diabetiker sollten eventuell die FPE berücksichtigen.

GLUTENFREI

Garnelencocktail

Für 4 Personen

ZUTATEN

300 g **frische Garnelen** *oder Krevetten in Salzlake*
Fischsud *(s. S. 159, ½ Rezept)*
½ **Zitrone,** *Saft*
Salz
Pfeffer *aus der Mühle*

COCKTAILSAUCE

150 g **Mayonnaise** *(s. S. 162, ca. ½ Rezept)*
50 ml **Tomatenketchup**
10 ml **Cognac**
1 Spritzer **Tabasco**
50 ml **geschlagene Sahne**

WEITERES

20 g **Radicchio**
8 **Chicoréeblätter**
4 **Dillsträußchen**
4 **Toastbrotscheiben**
50 g **Butter**

Zubereitung

- Garnelen schälen und den Darm entfernen.
- Im Fischsud einmal aufkochen lassen, abseihen und mit Zitronensaft, Salz und Pfeffer würzen.

Cocktailsauce

- Mayonnaise mit Tomatenketchup, Cognac und Tabasco verrühren und mit Sahne verfeinern.

Fertigstellung

- Radicchio in feine Streifen schneiden und auf Glasschalen oder Cocktailgläser (Sektschalen) verteilen.
- Garnelen mit Cocktailsauce vermischen und in die Gläser füllen.
- Mit Chicoréeblättern und Dillsträußchen garnieren und mit Toast und Butter servieren.

Mittlere Nährwerte pro Portion

kcal 235 (kJ 984)
E 13 g **F** 14 g **KH** 16 g **BE** 0
CHOL 125 mg **BS** 1 g **FPE** 2
GI

HINWEIS → Verwenden Sie Vollkorntoast, um den glykämischen Index zu verringern.

→ Diese Vorspeise ist sehr fettreich. Das Fett verzögert die Kohlenhydratverdauung und somit den Blutzuckeranstieg.

Mozzarella mit Tomaten und Basilikum

Für 4 Personen

ZUTATEN
800 g **Ochsenherztomaten**
400 g **Mozzarella im Stück** oder 4 Mozzarellakugeln
100 ml **Olivenöl**
8 **Basilikumblätter**
Salz
Pfeffer aus der Mühle

Zubereitung

- Tomaten waschen, in Scheiben schneiden und auf flache Teller legen.
- Mozzarella ebenfalls in Scheiben schneiden und auf den Tomaten verteilen. Mit Basilikum belegen und mit Salz und Pfeffer würzen.
- Mit Olivenöl beträufeln.

Andere Anrichteweise

- Tomaten- und Mozzarellascheiben mit Basilikum dachziegelartig auf Teller verteilen.

Tipps

- Für diese Vorspeise können Sie auch Mozzarelline, Tomatenspalten, Rucola, frittiertes Basilikum und Pesto verwenden.
- Kaufen Sie nur erstklassigen Mozzarella, er schmeckt einfach viel besser.
- Der Mozzarella kann auch mit Balsamico- oder Estragonessig beträufelt werden.

Mittlere Nährwerte pro Portion

kcal 516 (kJ 2.160)
E 21 g **F** 45 g **KH** 8 g **BE** 0
CHOL 47 mg **BS** 4 g **FPE** 5
GI

HINWEIS → Dieses Gericht enthält kaum Kohlenhydrate. Typ-1-Diabetiker sollten eventuell die FPE berücksichtigen.

→ Tomaten enthalten viele sekundären Pflanzenstoffe, z. B. Carotinoide, Flavinoide, Terpene, die das Immunsystem stärken und prophylaktisch gegen Krebs wirken. Freilandtomaten – möglichst aus dem eigenen Garten – enthalten mehr Vitamine und sekundäre Pflanzenstoffe als Tomaten aus dem Gewächshaus.

GLUTENFREI

Frischkäsemousse

Für 4 Personen

ZUTATEN
- 2 Blatt **Gelatine**
- 150 g **Magertopfen** (Quark)
- 150 g **Gorgonzola**
- 2 EL **Sahne**
- 20 g **Haselnüsse,** *geröstet und fein gehackt*
- 180 ml **geschlagene Sahne**
- **Salz**
- **Pfeffer** *aus der Mühle*

WEITERES
- 1 EL **geröstete Haselnüsse,** *grob gehackt*

Zubereitung

- Gelatine in reichlich kaltem Wasser einweichen.
- Topfen und Gorgonzola durch ein feines Sieb streichen.
- Ausgedrückte Gelatine in 2 Esslöffeln Sahne im heißen Wasserbad auflösen und mit Haselnüssen zur Käsemasse geben.
- Geschlagene Sahne nach und nach unterheben und mit Salz und Pfeffer würzen.
- Die Frischkäsemousse in eine beliebige Form füllen und mindestens **2 Stunden** in den Kühlschrank stellen.
- Aus der Frischkäsemousse mit einem Löffel Nocken formen, auf Tellern anrichten und mit gerösteten Haselnüssen garnieren.

Tipps

- Servieren Sie zur Frischkäsemousse einen Avocado-Orangen-Salat oder verschiedene Blattsalate.
- Sie können die Mousse auch in mit Klarsichtfolie ausgelegte Förmchen oder eine Dachrinnenform füllen.

Mittlere Nährwerte pro Portion

kcal 362 (kJ 1.516)
E 15 g **F** 32 g **KH** 4 g **BE** 0
CHOL 50 mg **BS** 1 g **FPE** 3,5
GI

HINWEIS → Eher eine Vorspeise für besondere Anlässe, da sie sehr viel tierisches Fett enthält und sehr kalorienreich ist.

→ Typ-1-Diabetiker sollten eventuell die FPE berücksichtigen.

GLUTENFREI

SUPPEN

Passen zu jeder Jahreszeit

Steinpilz-Kastaniensuppe

Für 4 Personen

ZUTATEN

80 g **Zwiebeln,** *fein geschnitten*
30 ml **Öl** *zum Dünsten*
250 g **geschälte Kastanien,** *in Würfel geschnitten*
100 g **Steinpilze,** *in Würfel geschnitten*
70 ml **Weißwein**
600 ml **Fleischsuppe** *(s. S. 158) oder Wasser*
150 ml **Sahne**
Salz
Pfeffer *aus der Mühle*
1 Msp. **Muskat,** *gerieben*

WEITERES

50 g **gekochte Kastanien,** *halbiert*
4 EL **geschlagene Sahne**
Zimt *zum Garnieren*
4 **Ananassalbeispitzen** *oder Zitronenmelisseblätter zum Garnieren*

Zubereitung

- Zwiebelwürfel in Öl anschwitzen, Kastanien und Steinpilze dazugeben und etwas dünsten lassen.
- Mit Weißwein aufgießen und einkochen lassen.
- Mit Fleischsuppe und Sahne aufgießen und auf kleiner Flamme etwa **20 Minuten** kochen lassen.
- Steinpilz-Kastaniensuppe im Mixer fein pürieren und mit Salz, Pfeffer und Muskat abschmecken.

Fertigstellung

- Die Suppe mit einem Pürierstab aufschäumen.
- Die halbierten, gekochten Kastanien zur Suppe geben.
- Die Suppe auf Teller verteilen und mit 1 Esslöffel geschlagener Sahne, Zimt und Ananassalbei garniert servieren.

Mittlere Nährwerte pro Portion

kcal 359 (kJ 1.503)
E 6 g **F** 25 g **KH** 24 g **BE** 2
CHOL 41 mg **BS** 6 g **FPE** 2,5
GI

HINWEIS → Die Suppe enthält viele Kalorien und ist daher eher etwas für einen besonderen Anlass.

→ Kastanien enthalten viele Kohlenhydrate.

GLUTENFREI

Pressknödel

Für 4 Personen

ZUTATEN
150 g ***schnittfestes Weißbrot*** *oder Knödelbrot*
100 ml **Milch**
100 g **Graukäse** *oder Gorgonzola*
2 **Eier**
Salz
20 g **Mehl**

WEITERES
80 ml **Öl** *zum Anbraten*

Zubereitung

- Weißbrot in kleine Würfel schneiden und in eine Schüssel geben.
- Milch erwärmen und die Hälfte des Graukäses darin auflösen.
- Die andere Hälfte reiben oder in Würfel schneiden.
- Zusammen mit Eiern, Salz und Mehl zum Knödelbrot geben.
- Die Masse gut durchkneten und etwa **15 Minuten** ruhen lassen.
- Zu runden Knödeln formen und diese mit der Hand flachdrücken.
- In einer Pfanne Öl erhitzen und die Pressknödel auf beiden Seiten etwa **6 Minuten** braun braten.
- Reichlich Wasser in einem Topf zum Kochen bringen und die Pressknödel darin etwa **10 Minuten** kochen lassen.

Tipps

- Servieren Sie die Pressknödel in einer Fleischsuppe (siehe Bild, Rezept s. S. 158), mit Krautsalat oder weißem Rübenkraut.
- Garnieren Sie die Pressknödel mit gebackenen Zwiebelringen. Dazu werden zwei Zwiebeln geschält, in Ringe geschnitten, mit Mehl bestreut und im heißen Fett goldgelb ausgebacken. Auf Küchenkrepp abtropfen lassen und etwas salzen.
- Je nach Geschmack können Sie auch 1 Esslöffel fein geschnittenen Schnittlauch unter die Knödelmasse geben.

Mittlere Nährwerte pro Portion
kcal 427 (kJ 1.788)
E 13 g **F** 30 g **KH** 30 g **BE** 2,5
CHOL 193 mg **BS** 2 g **FPE** 3
GI

HINWEIS → Werden die Pressknödel als Vorspeise gereicht, dann reduzieren Sie beim Hauptgericht die Kohlenhydrate.

Gulaschsuppe

Für 4 Personen

ZUTATEN

- 100 g **Zwiebeln,** *fein geschnitten*
- 30 ml **Öl**
- 1 TL **Tomatenmark**
- 10 g **edelsüßes Paprikapulver**
- 1 TL **Weißweinessig**
- 100 ml **dunkler, kräftiger Rotwein**
- 200 g **Rindfleisch** *(Schulter), in kleine Würfel geschnitten*
- **Salz**
- **Pfeffer** *aus der Mühle*
- 2 EL **Mehl** *zum Bestauben*
- 1½ l **Fleischsuppe** *(s. S. 158) oder Wasser*
- ½ **Lorbeerblatt**
- 150 g **festkochende Kartoffeln,** *geschält und in kleine Würfel geschnitten*

GULASCHGEWÜRZ

- 1 EL **Knoblauch, Zitronenschale, Kümmel** *und* **Majoran,** *gemischt und fein gehackt*

WEITERES

- 1 EL **Schnittlauch,** *fein geschnitten*

Zubereitung

- Zwiebeln im heißen Öl goldgelb rösten.
- Tomatenmark dazugeben und kurz mitrösten.
- Paprikapulver hinzugeben, mit Weißweinessig und Rotwein ablöschen.
- Sobald der Rotwein zur Gänze eingekocht ist, Fleisch dazugeben, mit Salz und Pfeffer würzen.
- Die entstehende Flüssigkeit zugedeckt langsam einkochen lassen, bis ein Fettspiegel sichtbar wird.
- Fleisch mit Mehl bestauben, alles gut verrühren, mit Fleischsuppe aufgießen und die Suppe etwa **1½ Stunden** kochen lassen.
- Nach etwa drei Viertel der Garzeit Lorbeerblatt und Kartoffeln zufügen und fertig kochen.
- Kurz vor dem Garende mit dem Gulaschgewürz abschmecken. Die Suppe auf Teller verteilen und mit Schnittlauch bestreut servieren.

Tipps

- Als Einlage passen auch in kleine Würfel geschnittene Peperoni.
- Sie können die Suppe auch erst am Ende der Kochzeit binden. Lassen Sie dann das Mehl bei der Zubereitung weg. Zum Binden geben Sie mit Wasser angerührte Speisestärke oder Mehl zur Suppe und lassen alles noch einmal kurz aufkochen.

Mittlere Nährwerte pro Portion

kcal 219 (kJ 917)
E 13 g **F** 11 g **KH** 14 g **BE** 1
CHOL 29 mg **BS** 2 g **FPE** 1,5
GI

HINWEIS → Wenn Sie die Gulaschsuppe mit Vollkornbrot servieren, haben Sie eine vollwertige Mahlzeit.

Pasta e fagioli BOHNENSUPPE

Für 4 Personen

ZUTATEN

- 150 g **getrocknete Borlottibohnen**
- 40 ml **Olivenöl** zum Dünsten
- 30 g **Zwiebeln,** fein geschnitten
- 40 g **Stangensellerie**
- 1 **Knoblauchzehe,** fein gehackt
- 200 g **Tomatenwürfel** oder Tomaten aus der Dose
- 1,2 l **Fleischsuppe** (s. S. 158) oder Wasser
- ½ **Lorbeerblatt**
- 60 g **kleine Nudeln** (Maccheroncini)
- 4 **Basilikumblätter,** grob geschnitten
- **Salz**
- **weißer Pfeffer** aus der Mühle
- 1 Msp. **Rosmarin,** gehackt
- 1 EL **Olivenöl** zum Beträufeln

Zubereitung

- Bohnen bereits am Vortag in reichlich kaltem Wasser einweichen.
- Olivenöl erhitzen und Zwiebeln, Stangensellerie und Knoblauch darin dünsten.
- Bohnen und Tomatenwürfel dazugeben, mit Fleischsuppe aufgießen, Lorbeerblatt hinzufügen und **1–1 ½ Stunden** weich kochen.

Fertigstellung

- Ein Drittel der Bohnen aus der Suppe nehmen und bereitstellen.
- Die restliche Bohnensuppe im Mixer pürieren oder durch die Handpassiermaschine (Flotte Lotte) drehen.
- Maccheroncini in Salzwasser kochen.
- Die Bohnensuppe mit Basilikum, Salz und Pfeffer abschmecken.
- Mit Bohnen, gekochten Nudeln, Rosmarin und Olivenöl servieren.

Tipps

- Als geschmackliche Ergänzung können Sie zum Schluss auch etwas Knoblauch und frisch geriebenen Parmesan in die Suppe geben.
- Kochen Sie Karotten, Kartoffeln oder Lauchwürfel mit und schmecken die Suppe mit etwas Rotwein ab.
- Wenn es schnell gehen soll, verwenden Sie Borlottibohnen aus der Dose.

Mittlere Nährwerte pro Portion

kcal 283 (kJ 1.185)
E 13 g **F** 12 g **KH** 34 g **BE** 1
CHOL 0 mg **BS** 8 g **FPE** 1,5
GI

HINWEIS → Hülsenfrüchte (Bohnen, Erbsen, Linsen, Kichererbsen) enthalten sehr viel Eiweiß und sind eine gute Alternative zu Fleisch.

→ Hülsenfrüchte sind für Personen mit Typ 1 Diabetes anrechnungsfrei.

Gemüsesuppe

Für 4 Personen

ZUTATEN

40 g ***Stangensellerie***
40 g ***Karotten***
80 g ***Zucchini***
80 g ***Weißkraut***
100 g ***Kartoffeln***
50 g ***Zwiebeln***
50 g ***Lauch***
2 EL ***Olivenöl*** *zum Dünsten*
30 g ***eingeweichte Cannellini-Bohnen***
1,2 l ***Fleischsuppe*** *(s. S. 158) oder Wasser*
1 ***Lorbeerblatt***
Salz
Pfeffer *aus der Mühle*

WEITERES

1 ***Tomate,*** *geschält, entkernt und in Würfel geschnitten*
2 EL ***Parmesanspäne*** *zum Bestreuen*
1 EL ***Schnittlauch,*** *fein geschnitten*

Zubereitung

- Stangensellerie, Karotten, Zucchini und Weißkraut putzen, eventuell schälen, waschen und in kleine Stücke schneiden.
- Kartoffeln schälen und ebenfalls klein schneiden.
- Zwiebeln schälen, Lauch putzen, in feine Würfel schneiden und in Olivenöl dünsten.
- Gemüse, Kartoffeln und Cannellini-Bohnen dazugeben und mitdünsten.
- Mit der heißen Fleischsuppe aufgießen, mit Lorbeerblatt, Salz und Pfeffer würzen und etwa **20 Minuten** kochen lassen.

Fertigstellung

- Suppe auf Teller verteilen, mit Tomatenwürfeln und Parmesan bestreuen und mit Schnittlauch garniert servieren.

Tipps

- Sie können auch andere Gemüsesorten für die Suppe verwenden, z. B. Melanzane, Kohlrabi oder Artischocken.
- Als Einlage eignen sich auch gekochte grüne Bohnen oder Broccoli.
- Wenn Sie frische Tomaten oder Tomaten aus der Dose mitkochen, dann bekommt die Suppe eine rötliche Farbe.

Mittlere Nährwerte pro Portion

kcal 157 (kJ 657)
E 9 g **F** 8 g **KH** 13 g **BE** 0
CHOL 5 mg **BS** 6 g **FPE** 0
GI

HINWEIS → Diese Suppe ist reich an Ballaststoffen, die für eine gesunde Darmtätigkeit sorgen.

GLUTENFREI

Buchweizensuppe

Für 4 Personen

ZUTATEN

- *100 g* **Buchweizenkörner**
- *50 g* **Zwiebeln**
- *20 g* **Lauch**
- *30 g* **Karotten**
- *30 g* **Butter**
- *1 l* **Gemüsebrühe** *(s. S. 159) oder Wasser*
- *½* **Knoblauchzehe,** *gehackt*
- *1 TL* **Basilikum**
- **Salz**
- **Pfeffer** *aus der Mühle*
- *1* **Eigelb**
- *50 ml* **Sahne**

WEITERES

- *60 g* **Ziegenquark** *oder Topfen (Quark), zu 4 kleinen Nocken geformt*
- *1 TL* **Schnittlauch,** *fein geschnitten, zum Garnieren*
- *4* **Basilikumherzen** *zum Garnieren*
- *1 EL* **Olivenöl** *zum Garnieren*

Zubereitung

- Buchweizenkörner in einer Pfanne ohne Fett trocken rösten und auskühlen lassen.
- Zwiebeln, Lauch und Karotten putzen, schälen, in kleine Würfel schneiden und in Butter anschwitzen.
- 90 g Buchweizenkörner dazugeben und mit heißer Gemüsebrühe aufgießen.
- Suppe etwa **20 Minuten** kochen, bis die Buchweizenkörner weich sind.
- Die Suppe mit Knoblauch, Basilikum, Salz und Pfeffer würzen.
- Eigelb und Sahne verrühren, zur Suppe geben und alles pürieren (die Suppe darf nicht mehr kochen).

Fertigstellung

- Buchweizensuppe mit Ziegenquarknocken, Schnittlauch und den restlichen 10 g Buchweizenkörnern auf Tellern anrichten. Mit Basilikumherzen und Olivenöl garniert servieren.

Tipps

- Als geschmackliche Ergänzung können Sie zum Schluss auch etwas Olivenöl in die Suppe geben.
- Lassen Sie Eigelb und Sahne weg und servieren Sie die Suppe unpüriert.
- Servieren Sie zu dieser Suppe Tirtlen oder Grissini.
- Sie können anstelle der Buchweizenkörner auch grobes Buchweizenmehl verwenden.

Mittlere Nährwerte pro Portion

kcal 305 (kJ 1.276)
E 7 g **F** 20 g **KH** 26 g **BE** 2
CHOL 113 mg **BS** 2 g **FPE** 2
GI

HINWEIS → Buchweizen ist ein Pseudogetreide. Es ist glutenfrei und enthält Chiro-Inositol, das den Blutzuckerspiegel regulieren kann.

Stockfischsuppe

Für 4 Personen

ZUTATEN

- 400 g ***Stockfisch,*** *gewässert*
- 100 g ***Zwiebeln***
- 2 ***Knoblauchzehen***
- 50 g ***Karotten***
- 40 g ***Stangensellerie***
- 80 ml ***Olivenöl*** *zum Dünsten*
- 500 g ***Tomaten,*** *entkernt und in Würfel geschnitten*
- 1 l ***Gemüsebrühe*** *(s. S. 159) oder Wasser*
- 250 g ***Kartoffeln***
- ***Salz***
- ***Pfeffer*** *aus der Mühle*
- 1 EL ***Basilikum,*** *fein geschnitten*

WEITERES

- 1 EL ***Olivenöl*** *zum Beträufeln*
- 4 ***Petersilienblätter*** *zum Garnieren*
- 4 ***Basilikumblätter*** *zum Garnieren*

Zubereitung

- Stockfisch gut waschen, enthäuten und entgräten.
- Zwiebeln und Knoblauch schälen und klein schneiden.
- Karotten und Stangensellerie ebenfalls schälen und in kleine Würfel schneiden.
- In einem Topf Olivenöl erhitzen, Zwiebeln, Knoblauch, Karotten und Stangensellerie dünsten, Stockfisch dazugeben und ebenfalls etwas dünsten.
- Tomaten dazugeben, mit Gemüsebrühe aufgießen und etwa **35 Minuten** kochen lassen.
- Kartoffeln schälen, in 1 cm große Würfel schneiden und zum Fisch geben.
- Mit Salz und Pfeffer würzen und nochmals etwa **15 Minuten** kochen lassen.

Fertigstellung

- Den Stockfisch aus der Suppe nehmen, in Stücke zerpflücken und wieder zur Suppe geben.
- Fertige Suppe abschmecken und mit Basilikum bestreuen.
- Mit Olivenöl beträufeln, mit Petersilien- und Basilikumblättern garnieren und servieren.

Mittlere Nährwerte pro Portion

kcal 438 (kJ 1.834)
E 24 g **F** 27 g **KH** 26 g **BE** 2
CHOL 50 mg **BS** 4 g **FPE** 3
GI

HINWEIS → Wenn Sie die Stockfischsuppe zusammen mit Vollkornbrot bzw. glutenfreiem Brot servieren, erhalten Sie eine vollständige Mahlzeit.

GLUTENFREI

Garnelenschaumsuppe

Für 4 Personen

ZUTATEN

- 300 g **Garnelen**
- **Salz**
- **Pfeffer** aus der Mühle
- 50 ml **Olivenöl** zum Braten
- 1 EL **Brandy** oder Cognac
- 50 g **Lauch,** *in kleine Würfel geschnitten*
- 30 g **Stangensellerie,** *in kleine Würfel geschnitten*
- 50 g **Karotten,** *in kleine Würfel geschnitten*
- 50 g **Zwiebeln,** *grob geschnitten*
- 1 TL **Tomatenmark**
- 20 g **Mehl**
- 125 ml **Weißwein**
- 1 l **Gemüsebrühe** (s. S. 159) oder Wasser
- 125 ml **Sahne**
- 1 **Knoblauchzehe,** *fein gehackt*
- **Salz**
- 1 Msp. **Cayennepfeffer**
- 1 TL **Zitronensaft**

WEITERES

- 1 EL **Kerbelblätter** zum Garnieren

Zubereitung

- Garnelen von der Schale befreien, den Darm am Rücken entfernen und die Schalen gut waschen.
- Je zwei Garnelen auf einen Holzspieß stecken und mit Salz und Pfeffer würzen.
- Garnelenspieße und Garnelenschalen in Olivenöl braten und mit Brandy ablöschen.
- Garnelenspieße herausnehmen und warm stellen.
- Lauch, Stangensellerie, Karotten und Zwiebeln zu den Garnelenschalen geben und mitdünsten.
- Tomatenmark ebenfalls dazugeben und mit Mehl bestreuen.
- Weißwein sowie Gemüsebrühe dazugießen und die Suppe **10 Minuten** kochen lassen.
- Sahne und Knoblauch zugeben und weitere **10 Minuten** kochen.
- Die Suppe durch ein feines Sieb seihen.

Fertigstellung

- Die Garnelensuppe mit Salz, Cayennepfeffer und Zitronensaft abschmecken und mit einem Pürierstab etwas aufschäumen.
- Die gebratenen Garnelenspießchen zur Suppe geben, mit Kerbelblättern garnieren und servieren.

Mittlere Nährwerte pro Portion

kcal 334 (kJ 1.398)
E 12 g **F** 23 g **KH** 10 g **BE** 0
CHOL 125 mg **BS** 1 g **FPE** 2,5
GI

HINWEIS → Da die Suppe sehr fettreich ist, sollten Sie sie als Vorspeise zu einem fettarmen Hauptgericht servieren.

WARME VORSPEISEN

Vielfältig und lecker

Spaghetti mit Taggiasche-Oliven

Für 4 Personen

ZUTATEN

4 ***Knoblauchzehen,*** *in Scheiben geschnitten*
100 ml ***Olivenöl*** *zum Dünsten*
2 ***getrocknete Peperoncini*** *(Chilischoten)*
120 g ***Peperoni*** *(Paprikaschoten), in kleine Würfel geschnitten*
80 g ***Taggiasche-Oliven,*** *entsteint*
Salz
1 EL ***Petersilie,*** *fein geschnitten*

WEITERES

320 g ***Spaghetti***

Zubereitung

- Knoblauch in Olivenöl in einer Pfanne langsam garen.
- Peperoncini fein aufschneiden oder zwischen den Fingern zerkleinern.
- Peperoniwürfel und Peperoncini zum Knoblauchöl geben, bei mittlerer Hitze etwa **10 Minuten** weich dünsten.
- Oliven, Salz und geschnittene Petersilie dazugeben und gut vermischen.

Fertigstellung

- Spaghetti nach Packungsanweisung bissfest kochen und abseihen.
- Die gekochten Spaghetti zur Sauce geben, gut durchschwenken und servieren.

Mittlere Nährwerte pro Portion

kcal 567 (kJ 2.374)
E 10 g **F** 31 g **KH** 66 g **BE** 5,5
CHOL 0 mg **BS** 4 g **FPE** 3
GI

HINWEIS → Verwenden Sie Vollkornspaghetti, die wirken sich günstig auf den Blutzuckeranstieg aus, da der glykämische Index verringert wird.

VEGAN

Bucatini mit Garnelen und Basilikumpesto

Für 4 Personen

BASILIKUMPESTO

- 40 g ***Basilikumblätter***
- 20 g ***Petersilienblätter***
- 120 ml ***Olivenöl***
- 1 EL ***Pinoli***
- ½ ***Knoblauchzehe,*** *fein gehackt*
- ***Salz***
- ***Pfeffer*** *aus der Mühle*
- 2 ***Tropfen Tabasco***
- 1 EL ***Parmesan,*** *gerieben*

WEITERES

- 320 g ***Bucatini***
- 2 EL ***getrocknete Tomaten,*** *in Streifen geschnitten*
- 2 EL ***schwarze Oliven,*** *entsteint*
- 8 ***gebratene Garnelen***
- 4 ***Basilikumherzen*** *zum Garnieren*

Basilikumpesto

- Basilikum- und Petersilienblätter waschen und mit Küchenkrepp trocken tupfen.
- Mit Olivenöl, Pinoli und Knoblauch in einem Mixer fein pürieren.
- Pesto mit Salz, Pfeffer, Tabasco und geriebenem Parmesan abschmecken.

Fertigstellung

- Die Bucatini nach Packungsanweisung bissfest kochen.
- Nudeln abseihen und gut abtropfen lassen, dabei etwas Kochwasser auffangen und mit dem Pesto verrühren.
- Nudeln und Pesto vermischen.
- Auf Tellern anrichten, mit getrockneten Tomaten und Oliven bestreuen, mit Basilikumherzen und gebratenen Garnelen garnieren und servieren.

Mittlere Nährwerte pro Portion

kcal 652 (kJ 2.730)
E 26 g **F** 37 g **KH** 66 g **BE** 5,5
CHOL 48 mg **BS** 5 g **FPE** 4
GI ▮▮▮▮▮▯▯▯▯▯▯

HINWEIS → Wenn Sie die Hälfte des Öls durch Wasser ersetzen, enthält das Pesto weniger Fett.

Bigoli mit Pfifferlingen

Für 4 Personen

ZUTATEN
- 200 g ***Pfifferlinge***
- 50 g ***Zwiebeln,*** *fein geschnitten*
- ½ ***Knoblauchzehe,*** *fein gehackt*
- 2 EL ***Olivenöl*** *zum Anbraten*
- 100 ml ***Gemüsebrühe*** *(s. S. 159) oder Wasser*
- ***Salz***
- ***Pfeffer*** *aus der Mühle*
- 1 EL ***Petersilie,*** *fein geschnitten*
- 1 TL ***Thymian,*** *fein geschnitten*
- 40 ml ***Olivenöl***

WEITERES
- 320 g ***Bigoli***
- ***Zitronenthymian*** *zum Garnieren*
- 1 EL ***Basilikumpesto*** *(s. S. 53)*

Zubereitung

- Pfifferlinge putzen, blättrig reißen oder würfelig schneiden.
- Zwiebeln und Knoblauch in einer Pfanne mit Olivenöl anschwitzen. Pfifferlinge dazugeben und so lange dünsten, bis die Flüssigkeit eingekocht ist.
- Mit Gemüsebrühe aufgießen, mit Salz und Pfeffer würzen und etwa **5 Minuten** dünsten.
- Petersilie und Thymian zur Sauce geben.
- Die Sauce noch einmal kurz aufkochen lassen und Olivenöl einrühren.

Fertigstellung

- Die Bigoli nach Packungsanweisung bissfest kochen.
- Nudeln abseihen und gut abtropfen lassen.
- Nudeln zur Sauce geben, gut durchschwenken und mit Salz abschmecken.
- Auf Tellern anrichten und mit Zitronenthymian und Basilikumpesto garniert servieren.

Mittlere Nährwerte pro Portion

kcal 442 (kJ 1.851)
E 9 g **F** 18 g **KH** 62 g **BE** 5
CHOL 0 mg **BS** 5,7 g **FPE** 2
GI

HINWEIS → Nudeln enthalten vor allem Kohlenhydrate, bei deren Verdauung der Blutzucker ansteigt. Verwenden Sie deshalb am besten Vollkornnudeln. Die darin enthaltenen Ballaststoffe verzögern die Verdauung und somit den Blutzuckeranstieg.

VEGAN

Fusilli mit Zucchini und Pecorino

Für 4 Personen

ZUTATEN

200 ml **Sahne**
3 **Eigelb**
2 EL **Pecorino** *(Schafskäse) oder Parmesan, gerieben*
Salz
200 g **Zucchini**
1 EL **Öl**

WEITERES

320 g **Fusilli**
Pfeffer *aus der Mühle*
1 EL **Basilikumblätter,** *fein geschnitten*
2 EL **Pecorino-** *oder Parmesanspäne*

Zubereitung

- Sahne mit Eigelb, Pecorino und Salz verrühren.
- Zucchini halbieren, in dünne Scheiben schneiden und in Öl etwa **5 Minuten** leicht anbraten.

Fertigstellung

- Fusilli in reichlich Salzwasser nach Packungsanweisung bissfest kochen.
- Die gekochten Fusilli abseihen, abtropfen lassen und in die Pfanne zu den Zucchini geben.
- Die Sahne-Eigelb-Masse darübergießen und alles gut vermischen.
- Mit frisch gemahlenem Pfeffer, Basilikumstreifen und Pecorinospänen bestreuen und sofort servieren.

Mittlere Nährwerte pro Portion

kcal 590 (kJ 2.470)
E 16 g **F** 32 g **KH** 63 g **BE** 5
CHOL 326 mg **BS** 4 g **FPE** 3,5
GI ▪▪▪▪▪▪▪▪▪▪▪▪▪

HINWEIS → Vollkornnudeln verringern den glykämischen Index. Außerdem machen sie wegen ihres höheren Ballaststoffgehalts länger satt.

Schüttelbrotbandnudeln mit Wildragout

Für 4 Personen

WILDRAGOUT
- 500 g **Reh** oder Wildhase (Keule, Schulter)
- 30 g **Karotten**
- 20 g **Stangensellerie**
- 60 g **Zwiebeln**
- 20 ml **Öl** zum Dünsten
- ½ EL **Tomatenmark**
- 125 ml **kräftiger Rotwein**
- 500 ml **Kalbsbrühe** (s. S. 158) oder Wasser
- 1 **Rosmarinzweig**
- 1 **Thymianzweig**
- ½ **Knoblauchzehe**, fein gehackt
- 4 **Wacholderbeeren**
- **Salz**
- **Pfeffer** aus der Mühle

SCHÜTTELBROTNUDELN
- 50 g **Schüttelbrot**, fein gerieben
- 250 g **Mehl**
- 3 **Eier**
- 1 EL **Olivenöl**
- **Salz**

WEITERES
- 1 TL **Rosmarin**, fein gehackt
- **Rosmarin** zum Garnieren

Wildragout

- Keulen und Schulter von Sehnen und Fett befreien.
- Karotten, Stangensellerie und Zwiebel putzen, waschen, schälen, in kleine Würfel schneiden und in Öl dünsten.
- Das Fleisch salzen und pfeffern und in einer Pfanne rundum anbraten, zum Gemüse geben und mitdünsten, bis die ganze Flüssigkeit verdunstet ist.
- Tomatenmark dazugeben und mitrösten, bis die gewünschte Farbe entstanden ist und mit Rotwein ablöschen.
- Kalbsbrühe dazugeben und das Fleisch langsam etwa **1½ Stunden** köcheln lassen. Kurz vor Ende der Garzeit Rosmarin, Thymian, Knoblauch und Wacholderbeeren hinzufügen, mit Salz und Pfeffer abschmecken und fertig kochen lassen.
- Das Fleisch aus der Sauce nehmen und von den Knochen befreien. Sauce durch ein feines Sieb passieren. Fleischstücke in Würfel schneiden oder etwas zerpflücken und wieder zur Sauce geben.

Schüttelbrotbandnudeln

- Schüttelbrotbrösel, Mehl, Eier, Olivenöl und Salz zu einem Teig verkneten, etwa **20 Minuten** ruhen lassen
- Mit der Nudelmaschine ausrollen und in Bandnudeln schneiden.

Fertigstellung

- Bandnudeln in reichlich Salzwasser etwa **5 Minuten** kochen, abseihen und gehackten Rosmarin unterrühren.
- Wildragout mit den Nudeln auf Tellern anrichten und mit Rosmarin garniert servieren.

Tipp

- Sie können das Gericht mit gerösteten Speckstreifen und Rosmarin garnieren (siehe Bild).

Mittlere Nährwerte pro Portion

kcal 576 (kJ 2.412)
E 46 g **F** 18 g **KH** 54 g **BE** 4,5
CHOL 268 mg **BS** 8 g **FPE** 3,5
GI ▮▮▮▮▯▯▯▯▯▯

HINWEIS → Dieses Gericht enthält alle Hauptnährstoffe (Eiweiß, Fett und Kohlenhydrate). Mit einer Portion Gemüse oder Salat, die die nötigen Ballaststoffe liefert, ist es eine vollwertige Mahlzeit.

Spaghetti mit Knoblauch, Olivenöl und Peperoncino

SPAGHETTI AGLIO, OLIO E PEPERONCINO

Für 4 Personen

ZUTATEN

320 g ***Spaghetti***
1–2 ***frische Peperoncini*** *(rote Chilischoten)*
100 ml ***Olivenöl***
4 ***Knoblauchzehen,*** *in Scheiben geschnitten*
Salz
4 EL ***Petersilie,*** *fein geschnitten*

Zubereitung

- Spaghetti nach Packungsanweisung bissfest kochen, dabei öfters umrühren.
- Peperoncini fein aufschneiden.
- Olivenöl in einer Pfanne erhitzen, Knoblauch und Peperoncini zufügen.
- Bei mittlerer Hitze unter ständigem Rühren gut erwärmen.
- Gekochte Spaghetti dazugeben, mit Salz und Petersilie würzen, gut mischen und servieren.

Tipps

- Sie können statt der frischen auch getrocknete Peperoncini verwenden.
- Dazu passen Blattsalate der Saison.
- Am besten verwenden Sie für dieses Rezept ein Olivenöl aus erster Pressung *(extra vergine)*, weil es einen besonders kräftigen und vollmundigen Geschmack hat.
- Variieren Sie die Menge der Peperoncini je nach gewünschter Schärfe.

Mittlere Nährwerte pro Portion

kcal 511 (kJ 2.139)
E 9 g **F** 26 g **KH** 64 g **BE** 5
CHOL 0 mg **BS** 3 g **FPE** 2,5
GI

HINWEIS → Vollkornspaghetti verringern den glykämischen Index.

VEGAN

Käsespatzlen

Für 4 Personen

ZUTATEN
- *250 g* **Mehl**
- **Salz**
- *1 EL* **Öl**
- *1 Msp.* **Muskat,** *gerieben*
- *100 ml* **Wasser**
- *3* **Eier**
- *1 EL* **weiche Butter** *für die Form*
- *150 g* **Käse** *(Stilfser Käse g. U. oder Emmentaler), grob gerieben*

WEITERES
- *80 g* **Zwiebeln**
- *30 g* **Butter**
- *1 EL* **Schnittlauch,** *fein geschnitten*

Zubereitung

- Mehl in eine Schüssel geben, Salz, Öl und Muskat dazugeben.
- Wasser und Eier verrühren, zum Mehl geben und mit dem Kochlöffel zu einem Teig verarbeiten. So lange schlagen, bis er Blasen wirft. Einige Minuten stehen lassen.
- Den Teig mit dem Spatzlhobel in reichlich kochendes Salzwasser hobeln und einmal umrühren.
- Wenn die Spatzlen an die Oberfläche steigen, mit einer Schaumkelle herausnehmen und abtropfen lassen. Die Spatzlen jedoch nicht abkühlen lassen.
- Eine Auflaufform (Cocotte) mit Butter ausstreichen, einen Teil der Spatzlen einfüllen und mit Käse bestreuen. Den Vorgang mehrmals wiederholen. Spatzlen im vorgeheizten Backofen bei etwa **160–180 Grad 10 Minuten** | **140–160 Grad 8 Minuten** überbacken.
- In der Zwischenzeit Zwiebeln schälen, in Ringe schneiden und in Butter goldgelb rösten.
- Zwiebelringe und Schnittlauch über die Käsespatzlen geben und servieren.

Tipps

- Servieren Sie dazu Blattsalate der Saison.
- Die Spatzlen werden meist als Hauptgericht serviert.

Mittlere Nährwerte pro Portion

kcal 534 (kJ 2.236)
E 25 g **F** 30 g **KH** 44 g **BE** 3,5
CHOL 229 mg **BS** 7 g **FPE** 3,5
GI

HINWEIS → Verwenden Sie für die Spatzlen Vollkornmehl. Dadurch erhöht sich die Ballaststoffmenge und der glykämische Index verringert sich.

Risotto mit Steinpilzen

Für 4 Personen

ZUTATEN

- *300 g* **Steinpilze**
- *50 g* **Zwiebeln**
- *1* **Knoblauchzehe**
- *2 EL* **Öl** *zum Dünsten*
- *1 EL* **Petersilie,** *fein geschnitten*
- **Salz**
- **Pfeffer** *aus der Mühle*
- *240 g* **Rundkornreis** *(Arborio, Vialone Nano oder Carnaroli)*
- *100 ml* **Weißwein**
- *1 l* **heiße Fleischsuppe** *(s. S. 158) oder Wasser*
- *1 EL* **Majoran,** *fein geschnitten*
- *2 EL* **Parmesan,** *gerieben*

WEITERES

- *100 g* **gebratene Steinpilze** *zum Garnieren*
- **Kerbelblätter** *zum Garnieren*
- **Parmesanspäne** *zum Garnieren*

Zubereitung

- Steinpilze putzen, waschen und große Pilze vierteln oder in Scheiben schneiden.
- Zwiebeln und Knoblauch schälen, fein schneiden und in Öl dünsten.
- Steinpilze zugeben und kurze Zeit dünsten lassen. Mit Petersilie, Salz und Pfeffer würzen.
- Reis zufügen, etwas mitdünsten lassen, mit Weißwein ablöschen und die Flüssigkeit vollständig einkochen lassen.
- Unter ständigem Rühren immer wieder etwas Fleischsuppe aufgießen und so lange köcheln lassen, bis die Reiskörner weich, aber bissfest *(al dente)* sind (etwa **18 Minuten).**
- Majoran und Parmesan unterrühren.
- Risotto auf Teller verteilen, mit gebratenen Steinpilzen, Kerbelblättern und Parmesanspänen garnieren und servieren.

Mittlere Nährwerte pro Portion

kcal 355 (kJ 1.486)
E 15 g **F** 10 g **KH** 51 g **BE** 4
CHOL 9 mg **BS** 4 g **FPE** 1,5
GI

HINWEIS → Risotto aus Vollkornreis verringert den glykämischen Index und macht länger satt.
→ Pilze enthalten sehr viel Kalium.

GLUTENFREI

Risotto mit Kürbis und Gorgonzola

Für 4 Personen

ZUTATEN

- 50 g **Zwiebeln**
- 40 ml **Öl** *zum Dünsten*
- 240 g **Rundkornreis** *(Arborio, Vialone Nano oder Carnaroli)*
- 400 g **Kürbis** *(Hokkaido oder Butternuss), geschält und in Würfel geschnitten*
- 50 ml **Weißwein**
- 1 l **heiße Fleischsuppe** *(s. S. 158) oder Wasser*
- **Salz**
- **Pfeffer** *aus der Mühle*
- 20 g **Parmesan,** *gerieben*

WEITERES

- 50 g **Gorgonzola,** *in Stücke geschnitten*
- 1 EL **geröstete Kürbiskerne,** *grob gehackt*
- **Kerbel** *zum Garnieren*

Zubereitung

- Zwiebeln schälen, in kleine Würfel schneiden und in Öl dünsten.
- Reis dazugeben, unterrühren und kurz mitdünsten.
- Kürbis zugeben, mit Weißwein ablöschen und umrühren.
- Nach und nach mit Fleischsuppe aufgießen, sodass der Reis immer mit Flüssigkeit bedeckt ist.
- Unter ständigem Rühren etwa **18 Minuten** kochen lassen. Der Risotto soll bissfest *(al dente)*, aber cremig sein.
- Mit Salz und Pfeffer würzen und Parmesan unterrühren.
- Risotto auf Tellern anrichten, mit Gorgonzolastücken, gerösteten Kürbiskernen und Kerbel garnieren und servieren.

Mittlere Nährwerte pro Portion

kcal 418 (kJ 1.750)
E 13 g **F** 18 g **KH** 52 g **BE** 4
CHOL 14 mg **BS** 3 g **FPE** 2
GI

HINWEIS → Kürbis ist reich an Kalium, Betakarotin und Vitamin C. Außerdem enthält er viele Ballaststoffe.

GLUTENFREI

Spinatknödel

Für 4 Personen

ZUTATEN

- 60 g **Zwiebeln**
- 1 **Knoblauchzehe**
- 2 EL **Öl** *zum Dünsten*
- 200 g **blanchierter Blattspinat**
- **Salz**
- **Pfeffer** *aus der Mühle*
- 1 Msp. **Muskat,** *gerieben*
- 2 **Eier**
- 50 ml **Milch**
- 30 g **Stilfser Käse g. U.,** *in Würfel geschnitten*
- 1 EL **Mehl**
- 150 g **schnittfestes Weißbrot,** *in Würfel geschnitten, oder Knödelbrot*

WEITERES

- 20 g **Parmesan,** *gerieben*
- 30 g **braune Butter**

Zubereitung

- Zwiebeln und Knoblauch schälen, klein schneiden und in Öl dünsten.
- Blattspinat fein hacken, dazugeben und mit Salz, Pfeffer und Muskat würzen.
- Spinat mit Eiern in einem Mixer pürieren.
- Pürierten Spinat, Milch, Käsewürfel, Mehl, Salz und Pfeffer zum Weißbrot geben und kräftig durchmischen.
- Etwa **15 Minuten** zugedeckt ruhen lassen.

Fertigstellung

- Inzwischen einen großen Topf Wasser zum Kochen bringen.
- Mit nassen Händen oder einem Löffel Knödel formen, die Knödel in das kochende Salzwasser geben und etwa **20 Minuten** sieden lassen.
- Die Spinatknödel auf Teller geben und mit geriebenem Parmesan und brauner Butter servieren.

Tipps

- Servieren Sie die Knödel mit geschmolzenen Cocktailtomaten (siehe Bild).
- Aus der Spinatknödelmasse können Sie auch Spinatnocken herstellen.
- Für 200 g blanchierten Blattspinat benötigen Sie etwa doppelt so viel rohen Spinat.

Mittlere Nährwerte pro Portion

kcal 350 (kJ 1.465)
E 15 g **F** 20 g **KH** 30 g **BE** 2,5
CHOL 145 mg **BS** 4 g **FPE** 2
GI ▮▮▮▮▮▮▮▮▮▮▮

HINWEIS → Spinat enthält viele Vitamine, Mineral- und Ballaststoffe. Sie können auch tiefgekühlten Spinat verwenden. Da er sofort nach der Ernte tiefgefroren wird, behält er alle gesunden Inhaltsstoffe.

Sterzinger Käsenocken

Für 4 Personen

ZUTATEN

- *150 g* ***schnittfestes Weißbrot*** *oder Knödelbrot*
- *30 g* ***Zwiebelwürfel***
- *20 ml* ***Öl*** *zum Dünsten*
- *100 g* ***Käse*** *(Stilfser Käse g. U. oder Graukäse)*
- *2* ***Eier***
- *100 ml* ***Milch***
- *2 EL* ***Schnittlauch,*** *fein geschnitten*
- ***Salz***
- ***Pfeffer*** *aus der Mühle*
- *1 EL* ***Mehl***

WEITERES

- *20 g* ***Parmesanspäne*** *zum Bestreuen*
- *30 g* ***braune Butter***
- *2 EL* ***Schnittlauch,*** *fein geschnitten*
- *50 g* ***Salat*** *zum Garnieren (Rucola, Friséesalat, Vogelesalat, Schnittlauchspitzen, Kerbel), mit Essig, Öl und Salz mariniert*

Zubereitung

- Brot in kleine Würfel schneiden.
- Zwiebelwürfel in Öl dünsten.
- Käse in kleine Würfel schneiden und mit den gedünsteten Zwiebeln zum Knödelbrot geben.
- Eier mit Milch verrühren und zusammen mit Schnittlauch über das Brot gießen.
- Mit Salz und Pfeffer würzen und vermengen. Mehl dazugeben und die Masse durchkneten, bis der Teig zusammenhält. **10 Minuten** ruhen lassen.
- Aus der Masse mit nassen Händen Nocken formen.

Fertigstellung

- Reichlich Salzwasser in einem großen Topf zum Kochen bringen und die Nocken darin etwa **15 Minuten** kochen lassen.
- Herausnehmen, abtropfen lassen, auf Tellern anrichten und mit Parmesan bestreuen.
- Mit brauner Butter abschmälzen, mit Schnittlauch bestreuen und mit den marinierten Salaten servieren.

Mittlere Nährwerte pro Portion

kcal 380 (kJ 1.591)
E 16 g **F** 24 g **KH** 26 g **BE** 2
CHOL 159 mg **BS** 2 g **FPE** 3
GI

HINWEIS → Kombinieren Sie die Käsenocken mit einer großen Portion Salat, das erhöht die Ballaststoffmenge und verringert den glykämischen Index.

Nudelteigtaschen mit Melanzanefüllung

Für 4 Personen

EIERNUDELTEIG
- 50 g ***Weizenmehl***
- 50 g ***Hartweizenmehl***
- 1 ***Eigelb***
- 1 TL ***Olivenöl***
- ***Salz***

FÜLLUNG
- 200 g ***Melanzane*** *(Auberginen)*
- 1 ***Schalotte*** *oder 20 g Zwiebeln*
- 1 ***Knoblauchzehe***
- 50 ml ***Olivenöl*** *zum Dünsten*
- 20 g ***Parmesan,*** *gerieben*
- 1 EL ***Petersilie,*** *fein geschnitten*
- ***Salz***
- ***Pfeffer*** *aus der Mühle*

WEITERES
- 30 g ***braune Butter***
- 20 g ***Parmesanspäne*** *zum Bestreuen*
- 1 EL ***Schnittlauch,*** *fein geschnitten*

Eiernudelteig

- Weizen- und Hartweizenmehl in eine Schüssel geben und mit Eigelb, Olivenöl und Salz vermischen.
  Auf einer Arbeitsfläche zu einem geschmeidigen, aber doch relativ festen Teig verkneten.
- Den Teig in Klarsichtfolie wickeln und etwa **30 Minuten** ruhen lassen.

Füllung

- Melanzane schälen und in kleine Würfel schneiden.
- Schalotte und Knoblauch schälen, fein hacken und in Olivenöl dünsten, Melanzanewürfel dazugeben und etwa **5 Minuten** mitdünsten. Mit Parmesan, Petersilie, Salz und Pfeffer würzen und auskühlen lassen.

Fertigstellung

- Nudelteig mit der Nudelmaschine dünn ausrollen, runde Blätter oder Dreiecke ausschneiden und die Füllung daraufgeben, den Teigrand mit Wasser bestreichen, ein zweites Blatt darüberlegen, gut verschließen und in Salzwasser etwa **5 Minuten** kochen.
- Die Teigtaschen mit brauner Butter, Parmesan und Schnittlauch servieren.

Tipps

- Den Teig können Sie auch für Bandnudeln, Lasagne, Cannelloni, Ravioli, Fleckerln usw. verwenden.
- Wenn Sie den Teig nicht innerhalb eines Tages verwenden, sollten Sie kein Salz zufügen, denn sonst oxidiert er und wird bräunlich.

Mittlere Nährwerte pro Portion

kcal 350 (kJ 1.465)
E 11 g **F** 27 g **KH** 17 g **BE** 1,5
CHOL 140 mg **BS** 4 g **FPE** 3
GI ▮▮▮▮▯▯▯▯▯▯▯▯

HINWEIS → Bereiten Sie den Eiernudelteig mit Vollkornmehl zu, dadurch erhöht sich die Ballaststoffmenge und der glykämische Index verringert sich.

→ Verwenden Sie zum Würzen Kräuter wie z. B. Schnittlauch, Petersilie, Basilikum, Kerbel oder Origano. Die Gerichte schmecken dadurch besser und sehen appetitlicher aus.

Südtiroler Schlutzkrapfen

Für 4 Personen

TEIG

- 150 g **Roggenmehl**
- 100 g **Weizenmehl**
- **Salz**
- 1 **Ei**
- 50–60 ml **lauwarmes Wasser**
- 1 EL **Öl**

FÜLLUNG

- 150 g **blanchierter Spinat** *(etwa 300 g frischer Spinat)*
- 50 g **Zwiebeln**, *fein geschnitten*
- ½ **Knoblauchzehe**, *fein gehackt*
- 1 EL **Öl** *zum Dünsten*
- 100 g **Topfen** *(Quark) oder Ricotta*
- 1 EL **Parmesan**, *gerieben*
- 1 EL **Schnittlauch**, *fein geschnitten*
- 1 Msp. **Muskat**, *gerieben*
- **Salz**
- **Pfeffer** *aus der Mühle*

WEITERES

- 2 EL **Parmesan**, *gerieben*
- 1 EL **Schnittlauch**, *fein geschnitten*
- 50 g **braune Butter**

Teig

- Beide Mehlsorten vermischen, kranzförmig auf ein Nudelbrett geben und salzen.
- Ei mit lauwarmem Wasser und Öl verquirlen, in die Mitte des Mehlkranzes gießen und von innen nach außen zu einem glatten Teig verkneten.
- Den Teig zugedeckt etwa **30 Minuten** ruhen lassen.

Füllung

- Spinat fein hacken.
- Zwiebeln und Knoblauch in Öl dünsten, mit dem gekochten Spinat vermengen und etwas auskühlen lassen.
- Topfen, Parmesan und Schnittlauch dazugeben, mit Muskat, Salz und Pfeffer würzen und gut verrühren.

Fertigstellung

- Den Teig mit der Nudelmaschine dünn ausrollen und möglichst schnell verarbeiten, damit er nicht austrocknet.
- Mit einem runden, glatten Ausstecher (etwa 7 cm Ø) Kreise ausstechen.
- Die Füllung mit einem kleinen Löffel oder einem Spritzsack in die Mitte geben.
- Den Rand mit Wasser anfeuchten und den Teig halbmondförmig zusammenfalten.
- Sofort mit den Fingern die Ränder andrücken.
- Die Schlutzkrapfen etwa **4 Minuten** in Salzwasser kochen, mit einer Schaumkelle herausnehmen und auf Tellern anrichten.
- Mit Parmesan und Schnittlauch bestreuen und mit brauner Butter begießen.

Mittlere Nährwerte pro Portion

kcal 437 (kJ 1.830)
E 18 g **F** 22 g **KH** 45 g **BE** 4
CHOL 96 mg **BS** 10 g **FPE** 3
GI

Kartoffelteigkrapfen mit Pfifferlingen

Für 4 Personen

FÜLLUNG
- 250 g **Pfifferlinge,** geputzt
- 30 g **Zwiebeln,** fein geschnitten
- 1 **Knoblauchzehe,** fein gehackt
- 1 EL **Butter** zum Dünsten
- 125 ml **Sahne**
- **Salz**
- **Pfeffer** aus der Mühle
- 2 TL **Schnittlauch,** fein geschnitten

WEITERES
- 400 g **Kartoffelteig** (s. S. 70)
- 120 g **gedünstete Pfifferlinge**
- 1 EL **Majoran**
- 1 EL **Parmesan,** gerieben
- 50 g **braune Butter**

Füllung

- Pfifferlinge in kleine Würfel schneiden.
- Zwiebeln und Knoblauch in Butter dünsten.
- Pfifferlinge dazugeben, etwa **2 Minuten** mitdünsten, bis die Flüssigkeit leicht eingekocht ist.
- Mit Sahne aufgießen, salzen, pfeffern und einkochen lassen.
- Vom Herd nehmen und mit Schnittlauch abschmecken.
- Die Füllung sollte eine dickflüssige, cremige Konsistenz haben.

Fertigstellung

- Den Kartoffelteig auf einer bemehlten Arbeitsfläche dünn ausrollen, 5 cm große runde Blätter ausstechen, die Füllung mit einem Teelöffel daraufgeben.
- Den Teig halbmondförmig zu Krapfen zusammenfalten, die Ränder mit den Fingern andrücken.
- In kochendes Salzwasser geben und etwa **4 Minuten** kochen lassen.
- Mit der Schaumkelle aus dem Wasser heben, gut abtropfen lassen und auf Teller oder eine Platte geben.
- Mit gedünsteten Pfifferlingen, Majoran, Parmesan und brauner Butter anrichten und servieren.

Mittlere Nährwerte pro Portion

kcal 348 (kJ 1.457)
E 11 g **F** 17 g **KH** 39 g **BE** 3
CHOL 224 mg **BS** 9 g **FPE** 2
GI

HINWEIS → Verwenden Sie für die Zubereitung des Kartoffelteiges Vollkornmehl, um den glykämischen Index zu verringern.

→ Pfifferlinge sind sehr kalorienarm und reich an Kalium.

Kartoffelnocken GNOCCHI

Für 4 Personen

KARTOFFELTEIG
- *400 g* ***mehlige Kartoffeln***
- *1* ***Eigelb***
- *1 EL* ***zerlassene Butter***
- *120 g* ***Mehl***
- ***Salz***
- ***Pfeffer*** *aus der Mühle*
- *1 Msp.* ***Muskat,*** *gerieben*

WEITERES
- *200 g* ***Cocktailtomaten,*** *geschält*
- *30 g* ***Butter***
- ***Salz***
- *4* ***Basilikumherzen***
- *20 g* ***Parmesanspäne*** *zum Bestreuen*

Kartoffelteig

- Kartoffeln schälen, in Würfel schneiden und in Salzwasser **20 Minuten** kochen. Abseihen und ausdampfen lassen.
- Kartoffeln durch die Kartoffelpresse drücken, mit Eigelb und zerlassener Butter verkneten und auskühlen lassen.
- Mehl, Salz, Pfeffer und Muskat unter die Kartoffelmasse kneten.

Fertigstellung

- Aus dem Teig gleich dicke Stränge (1 cm Ø) formen und diese in 2 cm lange Stücke schneiden. Die Nocken eventuell über eine Gabel rollen (damit sie ein Muster bekommen).
- Cocktailtomaten etwa **2 Minuten** in Butter schmelzen lassen und salzen.
- Die Kartoffelnocken in Salzwasser etwa **4 Minuten** kochen lassen, mit der Schaumkelle herausnehmen und mit den geschmolzenen Cocktailtomaten, Basilikumherzen und Parmesan servieren.

Tipps

- Sie können Blattsalate dazu servieren.
- Wenn die Tomatensauce zu sauer ist, schmecken Sie die Sauce mit ½ Teelöffel Zucker ab.
- Statt Tomatensauce können Sie eine Pfifferling- oder Champignonsauce zubereiten.

Mittlere Nährwerte pro Portion

kcal 355 (kJ 1.486)
E 12 g **F** 17 g **KH** 41 g **BE** 3,5
CHOL 232 mg **BS** 6 g **FPE** 2
GI

HINWEIS → Kartoffeln enthalten Kohlenhydrate und müssen deshalb von Diabetikern berechnet werden. Sie sind reich an Kalium, Vitamin C und Vitaminen der B-Gruppe. Kartoffeln sind sehr vielseitig verwendbar.

Tomatentörtchen mit Scamorza

Für 4 Personen

ZUTATEN
- *100 g* ***Melanzane*** *(Auberginen)*
- *200 g* ***Zucchini***
- *2 EL* ***Olivenöl***
- *200 g* ***Tomaten***
- *300 g* ***Scamorza***
- ***Salz***
- ***Pfeffer*** *aus der Mühle*

GESCHMORTE TOMATEN
- *30 ml* ***Olivenöl*** *zum Dünsten*
- *2* ***Knoblauchzehen,*** *fein gehackt*
- *400 g* ***Tomaten,*** *geschält*
- ***Salz***

WEITERES
- *1 EL* ***Basilikum***

Zubereitung

- Melanzane und Zucchini waschen, in etwa 5 mm dicke Scheiben schneiden und in einer Grillpfanne mit Olivenöl etwa **2 Minuten** braten.
- Tomaten waschen, mit heißem Wasser überbrühen und schälen.
- Scamorza in Scheiben schneiden.
- Tomaten vierteln und die Samenkerne entfernen.
- Nun abwechselnd Melanzane-, Zucchinischeiben, Scamorza und Tomaten übereinander schichten, dazwischen immer mit Salz und Pfeffer würzen.
- Die Törtchen auf eine Platte oder in eine Pfanne setzen und im Backofen bei etwa **200 Grad 10 Minuten** | **180 Grad 8 Minuten** überbacken.

Geschmorte Tomaten

- Olivenöl in einer Pfanne erhitzen, Knoblauch dazugeben und glasig dünsten.
- Tomaten in große Stücke schneiden, dazugeben, salzen und etwa **5 Minuten** weich schmoren.

Fertigstellung

- Die geschmorten Tomaten auf Tellern anrichten, das Tomatentörtchen daraufsetzen und mit Basilikum garniert servieren.

Mittlere Nährwerte pro Portion

kcal 407 (kJ 1.704)
E 21 g **F** 33 g **KH** 8 g **BE** 0
CHOL 30 mg **BS** 5 g **FPE** 4
GI

HINWEIS → Dieses Gericht enthält kaum Kohlenhydrate, die den Blutzucker erhöhen und kann eventuell auch bei hohen Blutzuckerwerten gegessen werden.

GLUTENFREI

FISCH

Sollte mindestens einmal pro Woche auf dem Speiseplan stehen.

Fischeintopf

Für 4 Personen

ZUTATEN

- 100 g ***Lauch***
- 30 ml ***Olivenöl*** *zum Dünsten*
- 1 ***Knoblauchzehe,*** *fein gehackt*
- 200 g ***Drachenkopf*** *(scorfano)*
- 100 g ***Seeteufelfilet*** *(coda di rospo)*
- 100 g ***Miesmuscheln*** *(cozze), geputzt*
- 4 ***Garnelen*** *(gamberi) ohne Schale*
- 70 ml ***Weißwein***
- 1 l ***Gemüsebrühe*** *(s. S. 159)*
- ***Salz***
- 100 g ***Tomaten,*** *in Würfel geschnitten*
- 1 TL ***Curry***

WEITERES

- 1 ***frischer Peperoncino*** *(Chilischote), in feine Streifen geschnitten*
- 1 EL ***Petersilie,*** *fein geschnitten*

Zubereitung

- Lauch putzen, waschen, in Streifen schneiden und im Olivenöl zusammen mit Knoblauch dünsten.
- Drachenkopf und Seeteufelfilet in etwa 30 g große Stücke schneiden und dazugeben, ebenso Miesmuscheln und Garnelen. Alles zusammen etwa **5 Minuten** dünsten.
- Mit Weißwein ablöschen, mit Gemüsebrühe aufgießen und mit Salz würzen.
- Tomaten und Curry dazugeben und den Eintopf etwa **5 Minuten** ziehen lassen.
- Auf tiefe Teller verteilen, mit Peperoncinostreifen und Petersilie garnieren und servieren.

Tipp

- Muscheln, die vor dem Kochen offen sind bzw. sich nach dem Kochen nicht geöffnet haben, sollten Sie wegwerfen.

Mittlere Nährwerte pro Portion

kcal 209 (kJ 875)
E 20 g **F** 10 g **KH** 8 g **BE** 0
CHOL 106 mg **BS** 1 g **FPE** 2
GI

HINWEIS → Dieses Gericht enthält viel hochwertiges Eiweiß.

→ Essen Sie mindestens einmal pro Woche Fisch.

GLUTENFREI

Schwertfisch auf fruchtigem Gemüse

Für 4 Personen

FRUCHTIGES GEMÜSE
- 20 ml ***Olivenöl*** *zum Dünsten*
- 100 g ***Zucchini,*** *in Würfel geschnitten*
- 200 g ***rote*** *und* ***gelbe Peperoni*** *(Paprikaschoten), geschält und in Würfel geschnitten*
- 100 g ***Melanzane*** *(Auberginen), in Würfel geschnitten*
- 200 g ***Fenchel,*** *in Würfel geschnitten*
- 100 ml ***Wasser***
- 100 ml ***Orangensaft***
- 100 ml ***Passionsfruchtsaft***
- 100 g ***Honigmelone,*** *in Würfel geschnitten*
- 1 Prise ***Cayennepfeffer***

SCHWERTFISCH
- 4 ***Schwertfischscheiben*** *(pesce spada) zu je 120 g*
- ***Salz***
- 1 TL ***schwarzer Pfeffer,*** *grob gemahlen*

WEITERES
- 30 g ***Rucola*** *zum Garnieren*
- ***Olivenöl*** *zum Garnieren*

Fruchtiges Gemüse
- Olivenöl in einer Pfanne erhitzen, darin Zucchini, rote und gelbe Peperoni, Melanzane und Fenchel mit Wasser dünsten.
- Mit Orangen- und Passionsfruchtsaft aufgießen und das Gemüse etwa **5 Minuten** garen.
- Mit Honigmelonenwürfeln und Cayennepfeffer abschmecken.

Schwertfisch
- Schwertfisch zuschneiden, mit Salz würzen und auf dem vorgeheizten Grill auf beiden Seiten etwa **4 Minuten** grillen.
- Mit grob gemahlenem schwarzen Pfeffer bestreuen.

Fertigstellung
- Das fruchtige Gemüse und den Sud in vorgewärmte tiefe Teller geben, die gegrillten Schwertfischscheiben darauf anrichten, mit Rucola und Olivenöl garnieren und servieren.

Tipp
- Dieser Fisch enthält kaum Gräten.

Mittlere Nährwerte pro Portion

kcal 273 (kJ 1.143)
E 23 g **F** 14 g **KH** 16 g **BE** 1
CHOL 84 mg **BS** 4 g **FPE** 2
GI

HINWEIS → Schwertfisch enthält Omega-3-Fettsäuren, die das Risiko für Herz-Kreislauf-Erkrankungen reduzieren.

GLUTENFREI

Saiblingsfilet auf Berglinsen

Für 4 Personen

LINSENSALAT
100 g ***Linsen*** *(Berglinsen)*
200 g ***Stangensellerie***
200 g ***Karotten***
50 ml ***Olivenöl*** *zum Dünsten*
1 ***Zwiebel,*** *fein geschnitten*
1 ***Knoblauchzehe,*** *fein gehackt*
600 ml ***Wasser***
1 EL ***Petersilie,*** *fein geschnitten*
30 ml ***Balsamicoessig***
Salz
Pfeffer *aus der Mühle*

SAIBLINGSFILET
600 g ***Saiblingsfilet*** *(salmerino)*
Salz
Pfeffer
50 ml ***Öl*** *zum Braten*

WEITERS
Friséesalat
Dill *zum Garnieren*
2 TL ***alter Balsamicoessig*** *zum Garnieren*

Linsensalat

- Linsen waschen, **4 Stunden** in kaltem Wasser einweichen, Wasser abgießen.
- Stangensellerie und Karotten schälen und in kleine Würfel schneiden.
- Olivenöl erhitzen, Zwiebelwürfel darin dünsten.
- Stangensellerie-, Karottenwürfel und Knoblauch dazugeben, mit Wasser auffüllen und die Linsen darin etwa **30 Minuten** weich kochen.
- Linsen mit Petersilie, Balsamicoessig, Salz und Pfeffer würzen.
- Linsensalat etwas ziehen lassen.

Saiblingsfilet

- Saiblingsfilet enthäuten, entgräten und portionieren. Salzen und pfeffern.
- Öl in einer Pfanne erhitzen und die Filets beidseitig je **3 Minuten** braten.

Fertigstellung

- Berglinsen auf Tellern anrichten.
- Saiblingsfilet darauflegen und mit Friséesalat, Dill und altem Balsamicoessig garniert servieren.

Mittlere Nährwerte pro Portion

kcal 461 (kJ 1.930)
E 30 g **F** 30 g **KH** 19 g **BE** 0
CHOL 83 mg **BS** 6 g **FPE** 4
GI

HINWEIS → Der Saibling ist ein sehr mineralstoff- und vitaminreicher Süßwasserfisch.

→ Linsen gehören zu den Hülsenfrüchten und enthalten nicht nur hochwertiges Eiweiß, sehr viele Kohlenhydrate und Ballaststoffe, sondern auch Vitamine, Kalium, Zink, Magnesium und Phosphor.

→ Linsen sind für Typ-1-Diabetiker anrechnungsfrei.

GLUTENFREI

Zander mit Ratatouille überbacken

Für 4 Personen

RATATOUILLE

- 40 g **Schalotten**
- 100 g **gelbe** und **rote Peperoni** (Paprikaschoten)
- 80 g **Zucchini**
- 30 ml **Olivenöl** zum Dünsten
- ½ **Knoblauchzehe,** fein gehackt
- 80 g **Tomaten,** geschält und in Würfel geschnitten
- 2 EL **Petersilie,** fein geschnitten
- **Salz**
- **Pfeffer** aus der Mühle

ZANDER

- 2 EL **Olivenöl** zum Braten
- 600 g **Zanderfilet** (lucioperca)
- **Salz**
- 50 g **Brotbrösel**

WEITERES

- 280 ml **Tomatensauce** (s. S. 160), fein passiert

Ratatouille

- Schalotten schälen und in kleine Würfel schneiden.
- Peperoni und Zucchini putzen, waschen und ebenfalls in kleine Würfel schneiden.
- Olivenöl in einer Pfanne erhitzen, Schalotten und Knoblauch leicht dünsten, Peperoni und Zucchini dazugeben und etwa **8 Minuten** mitdünsten.
- Tomaten und Petersilie zufügen, salzen, pfeffern und vorsichtig unterrühren.

Zander

- Olivenöl in einer Pfanne erhitzen. Zanderfilets salzen und auf beiden Seiten je **2 Minuten** braten.
- Zander mit Ratatouille belegen, mit Brotbröseln bestreuen und im Backofen bei starker Oberhitze – etwa **220 Grad 2 Minuten** – überbacken.

Fertigstellung

- Heiße Tomatensauce in tiefe Teller geben, gratinierten Zander daraufsetzen und servieren.

Mittlere Nährwerte pro Portion

kcal 420 (kJ 1.758)
E 27 g **F** 27 g **KH** 20 g **BE** 0
CHOL 83 mg **BS** 6 g **FPE** 4
GI

HINWEIS → Diese Gericht enthält kaum Kohlenhydrate.

→ Typ-1-Diabetiker sollten eventuell die FPE berücksichtigen.

Thunfisch mit Artischocken

Für 4 Personen

FISCH
400 g **Thunfischfilet** *(tonno)*
1 Spritzer **Zitronensaft**
Salz
2 EL **Olivenöl** *zum Braten*
20 g **schwarzer Pfeffer,** *zerstoßen*

ARTISCHOCKEN
4 **Artischocken**
½ **Zitrone,** *Saft*
20 g **Brotbrösel**
1 **Knoblauchzehe,** *fein gehackt*
1 EL **Petersilie,** *fein geschnitten*
1 EL **Basilikum,** *fein geschnitten*
30 ml **Olivenöl** *zum Dünsten*
50 ml **Weißwein**
250 ml **Fleischsuppe** *(s. S. 158) oder Wasser*
Salz
Pfeffer *aus der Mühle*

WEITERES
30 g **Basilikumpesto** *(s. S. 55)*
Salzblüte *(Fleur de Sel)*
4 **Basilikumherzen**

Fisch

- Thunfischfilet häuten, in vier Scheiben schneiden und mit Zitronensaft marinieren. Etwas salzen und in einer Pfanne in heißem Olivenöl beidseitig etwa **2 Minuten** braten.
- Thunfischfilet in zerstoßenem schwarzen Pfeffer wälzen, in Alufolie wickeln und etwas ruhen lassen.

Artischocken

- Artischocken großzügig putzen, die harten Blätter entfernen und die Blattspitzen abschneiden. Mit einem Kartoffelausstecher das Innere der Artischocken (Heu) entfernen und den Artischockenstiel abschneiden. Die Artischocken in Zitronenwasser legen, um das Braunwerden zu verhindern.
- Brotbrösel mit Knoblauch, Petersilie und Basilikum vermischen und die Artischocken damit füllen.
- In einem Topf Olivenöl erwärmen und Artischocken hineinstellen. Mit Weißwein und Fleischsuppe auffüllen, mit Salz und Pfeffer würzen und zugedeckt etwa **20 Minuten** dünsten, bis die Artischocken weich sind.

Fertigstellung

- Basilikumpesto vorsichtig erwärmen.
- Fisch aus der Folie nehmen, in schräge Scheiben schneiden und auf Tellern anrichten. Mit erwärmtem Pesto, Artischocken, Salzblüte und Basilikumherzen servieren.

Mittlere Nährwerte pro Portion
kcal 362 (kJ 1.516)
E 25 g **F** 25 g **KH** 7 g **BE** 0
CHOL 70 mg **BS** 7 g **FPE** 3
GI

HINWEIS → Frischer Thunfisch enthält viele gesunde Omega-3-Fettsäuren, hochwertiges Eiweiß, Jod, Zink und Vitamin D.

→ Typ-1-Diabetiker sollten eventuell die FPE berücksichtigen.

Stockfischgröstel

Für 4 Personen

ZUTATEN

- 600 g **Stockfisch** *(stoccafisso)*
- 2 l **Wasser**
- 200 g **gekochte Kartoffeln**
- 20 ml **Öl** *zum Anbraten*
- 60 g **Zwiebeln**
- 20 ml **Olivenöl** *zum Dünsten*
- 1 **Knoblauchzehe,** *fein gehackt*
- 70 ml **Weißwein**
- 150 ml **Sahne**
- 1 TL **Dill,** *fein geschnitten*
- 1 EL **Petersilie,** *fein geschnitten*
- 1 **Lorbeerblatt**
- **Salz**
- **Pfeffer** *aus der Mühle*
- 1 TL **Weißweinessig**

WEITERES

- **Kerbel** *zum Garnieren*

Zubereitung

- Stockfisch waschen, etwa **24 Stunden** wässern und dabei das Wasser öfters wechseln.
- Stockfisch und Wasser in einen Topf geben und auf kleiner Flamme etwa **40 Minuten** weich kochen, den Fisch im Sud auskühlen lassen und in kleine Stücke zerpflücken.
- Kartoffeln in Scheiben schneiden und in einer Pfanne mit Öl (wie Röstkartoffeln) anbraten.
- Zwiebeln in feine Streifen schneiden und in Olivenöl dünsten. Knoblauch und Fisch dazugeben und etwa **6 Minuten** mitdünsten.
- Mit Weißwein aufgießen, Sahne, Dill, Petersilie, Lorbeerblatt sowie Röstkartoffeln dazugeben, mit Salz, Pfeffer und Weißweinessig würzen.
- Kurz ziehen lassen, mit Kerbel garnieren und servieren.

Tipps

- Als Beilage eignen sich Blattsalate.
- Sie können das Stockfischgröstel auch mit gebackenen Zwiebelringen (s. S. 88) servieren.
- Fragen Sie Ihren Fischhändler nach bereits gewässertem Stockfisch.

Mittlere Nährwerte pro Portion

kcal 462 (kJ 1.934)
E 33 g **F** 30 g **KH** 12 g **BE** 0,5
CHOL 91 mg **BS** 1 g **FPE** 4
GI ■■□□□□□□□□□□

HINWEIS → Wenn Sie das Stockfischgröstel zusammen mit Salat als vollwertige Mahlzeit servieren, können Sie die Menge der Kartoffeln erhöhen. Sie können aber auch Kohlenhydrate in anderer Form dazu essen.

GLUTENFREI

Wolfsbarsch in Salzkruste

Für 2 Personen

ZUTATEN

1 **Wolfsbarsch** (branzino) zu 300 g
2 **Basilikumblätter**
1 Spritzer **Zitronensaft**
Salz
Pfeffer aus der Mühle

SALZKRUSTE

800 g **grobes Meersalz** oder grobes Salz
80 g **Mehl**
30 g **Speisestärke**
2 **Eier**

Zubereitung

- Vom Wolfsbarsch die Flossen abschneiden, schuppen, putzen und waschen. Mit einem scharfen Messer die Filets etwas einschneiden.
- Die Bauchhöhle mit Basilikum, Zitronensaft, etwas Salz und Pfeffer würzen.

Salzkruste

- Meersalz, Mehl, Speisestärke und Eier in einer Schüssel verrühren.
- Etwas von der Salzmasse auf Alufolie geben, Wolfsbarsch darauflegen und mit der restlichen Salzmasse bedecken.

Fertigstellung

- Im vorgeheizten Backofen bei etwa **200 Grad 20 Minuten** | **180 Grad 17 Minuten** backen.
- Den Fisch mit der Salzkruste auf eine Servierplatte legen und die Kruste mit einem Sägemesser aufschneiden. Den Fisch am Tisch filetieren.

Tipps

- Als Beilage passen Blattspinat und Salzkartoffeln.
- Mildes Meersalz hat einen natürlichen Jodgehalt und im Vergleich zum Steinsalz eine geringere Würzkraft.

Mittlere Nährwerte pro Portion

kcal 254 (kJ 1.026)
E 30 g **F** 13 g **KH** 3 g **BE** 0
CHOL 102 mg **BS** 0 g **FPE** 2
GI

HINWEIS → Diese Art der Zubereitung ist sehr gesund und kalorienarm.

Forelle Müllerinart

Für 2 Personen

FISCH

- 2 **Forellen** *(trota) zu je 300 g*
- *1 EL* **Zitronensaft**
- 2 **Dillzweige**
- 2 **Petersilienstängel**
- **Salz**
- **Pfeffer** *aus der Mühle*

WEITERES

- *3 EL* **Öl** *zum Braten*
- *50 g* **Mehl** *zum Bestauben*
- 2 **Knoblauchzehen,** *halbiert*
- *30 g* **Butter**
- *1 EL* **Petersilie,** *fein geschnitten*
- *1 EL* **Zitronensaft**
- 2 **Zitronenspalten** *zum Garnieren*

Zubereitung

- Forellen ausnehmen, waschen, eventuell Flossen und Kiemen entfernen und gut abtrocknen.
- Mit einem scharfen Messer ziselieren (die Filets einschneiden, damit sich der Fisch beim Erhitzen nicht verbiegt oder platzt) und mit Zitronensaft, Dill und Petersilienstängeln etwa 20 Minuten marinieren.
- Forellen von den Kräutern befreien, innen und außen salzen und pfeffern.

Fertigstellung

- In einer großen, flachen Pfanne Öl erhitzen, Forellen mit Mehl bestauben, in die Pfanne legen, Knoblauch dazugeben und Forellen auf beiden Seiten etwa **10 Minuten** schön braun braten.
- Forellen auf eine vorgewärmte Platte legen.
- Bratfett aus der Pfanne schütten, Butter darin aufschäumen lassen, mit Petersilie und Zitronensaft vermischen und über die Forellen gießen.
- Mit Zitronenspalten servieren.

Tipps

- Als Beilage eignen sich Salzkartoffeln, Spinat oder gedünstetes Gemüse.
- Als weiteres Gewürz eignet sich Worcestersauce.

Mittlere Nährwerte pro Portion

kcal 592 (kJ 2.479)
E 48 g **F** 37 g **KH** 18 g **BE** 1,5
CHOL 202 mg **BS** 3 g **FPE** 5
GI

HINWEIS → Diese Gericht enthält kaum Kohlenhydrate.

→ Typ-1-Diabetiker sollten eventuell die FPE berücksichtigen.

Kalmare mit frittiertem Gemüse

Für 4 Personen

REMOULADENSAUCE

150 g ***Mayonnaise*** *(s. S. 162)*
1 EL ***Essiggurken,*** *fein gehackt*
1 TL ***Petersilie,*** *fein geschnitten*
1 TL ***Kapern,*** *fein geschnitten*
½ TL ***Sardellen,*** *fein geschnitten*
1 TL ***Zwiebeln,*** *fein geschnitten*
50 ml ***geschlagene Sahne***

KALMARE UND GEMÜSE

600 g ***Kalmare*** *(calamari)*
100 g ***Zucchini***
100 g ***rote*** *und* ***gelbe Peperoni*** *(Paprikaschoten)*
100 g ***Melanzane*** *(Auberginen)*
Backfett
Mehl *zum Bestauben*

WEITERES

Salz
Friséesalat *und* ***Rucola*** *zum Garnieren*

Remouladensauce

- Mayonnaise mit Essiggurken, Petersilie, Kapern, Sardellen und Zwiebeln verrühren und mit geschlagener Sahne verfeinern.

Kalmare und Gemüse

- Kalmare ausnehmen, häuten, waschen, die Fangarme abschneiden und den Bauchteil in Ringe schneiden.
- Zucchini, Peperoni und Melanzane putzen und in 4 cm lange Stäbchen schneiden.
- Das Backfett auf etwa **170 Grad** erhitzen.
- Kalmarringe, Fangarme und Gemüse gut abtrocknen, mit Mehl bestauben und im heißen Backfett schwimmend etwa **3 Minuten** backen.

Fertigstellung

- Gebackene Kalmare und Gemüse auf Küchenkrepp etwas abtropfen lassen, salzen, auf vorgewärmte Teller geben, mit Friséesalat und Rucola garnieren und mit Remouladensauce servieren.

Mittlere Nährwerte pro Portion

kcal 617 (kJ 2.583)
E 24 g **F** 50 g **KH** 20 g **BE** 1,5
CHOL 128 mg **BS** 4 g **FPE** 5,5
GI ▮▯▯▯▯▯▯▯▯▯▯▯

HINWEIS → Frittierte Gerichte enthalten viel Fett und Kalorien, daher sollten sie selten gegessen und mit einer kalorienarmen Beilage kombiniert werden.

Miesmuscheln mit Tomaten

Für 4 Personen

ZUTATEN

- 2 kg **Miesmuscheln** *(cozze)*
- 20 ml **Olivenöl** *zum Dünsten*
- 80 g **Zwiebeln,** *in Würfel geschnitten*
- 2 **Knoblauchzehen,** *fein gehackt*
- 80 ml **Weißwein**
- 400 g **Tomaten,** *geschält und in Würfel geschnitten*
- 1 **Lorbeerblatt**
- **Pfeffer** *aus der Mühle*
- 4 EL **Petersilie,** *fein geschnitten*
- **Salz**

Zubereitung

- Von den Muscheln den Bart entfernen, Muscheln bürsten und unter fließendem kaltem Wasser waschen.
- Olivenöl in einem flachen Topf erhitzen. Zwiebeln und Knoblauch darin dünsten, geputzte Muscheln hinzufügen und mit Weißwein aufgießen.
- Tomatenwürfel und Lorbeerblatt dazugeben und mit Pfeffer aus der Mühle würzen.
- Zugedeckt etwa **3 Minuten** dünsten lassen, bis sich die Muscheln geöffnet haben. Mit Petersilie bestreuen und eventuell nochmals salzen.
- In tiefen Tellern zusammen mit dem Muschelsud servieren.

Tipps

- Gegarte ungeöffnete Muscheln aussortieren, denn sie könnten verdorben sein.
- Als weiteres Gewürz eignet sich Peperoncino (Chilischote).

Mittlere Nährwerte pro Portion

kcal 505 (kJ 2.114)
E 60 g **F** 19 g **KH** 22 g **BE** 0
CHOL 605 mg **BS** 3 g **FPE** 4
GI

HINWEIS → Dieses Gericht enthält wenig Kohlenhydrate.

→ Als Beilage passt getoastetes Vollkornbrot bzw. glutenfreies Brot.

GLUTENFREI

FLEISCH

Weniger und dafür von guter Qualität!

Rinds-Tagliata mit Salaten

Für 4 Personen

ZUTATEN

4 **Rindsfiletsteaks** *zu je 150 g (Mittelstück)*
Salz
Pfeffer *aus der Mühle*
2 EL **Öl** *zum Braten*

WEITERES

120 g **Vogelesalat** *(Feldsalat)*, **Rucola, Schnittsalat, Shiso-Kresse**
etwas **Zitronensaft, Salz** *und* **Olivenöl** *zum Marinieren der Salate*
8 **getrocknete Brotscheiben** *(hauchdünne Brotscheiben im Backofen bei ▣ 60 Grad getrocknet)*
1 EL **Olivenöl** *zum Garnieren*
1 EL **alter Balsamicoessig** *zum Garnieren*

Zubereitung

- Rindsfiletsteaks salzen, pfeffern und in einer heißen Pfanne in Öl oder auf dem vorgeheizten Grill auf beiden Seiten **je 6 Minuten** anbraten.
- Rindsfiletsteaks im Backofen bei etwa ▭ **80 Grad 10 Minuten** | ▣ **60 Grad 8 Minuten** nachgaren lassen.
- Salate waschen, mit Zitronensaft, Salz und Olivenöl marinieren und auf Teller geben.
- Rindsfiletsteaks in Scheiben schneiden, neben die Salate legen, mit getrockneten Brotscheiben, etwas Olivenöl und Balsamicoessig garniert servieren.

Mittlere Nährwerte pro Portion

kcal 378 (kJ 1.583)
E 34 g **F** 21 g **KH** 16 g **BE** 1
CHOL 105 mg **BS** 2 g **FPE** 3
GI

HINWEIS → Dieses Gericht enthält kaum Kohlenhydrate.

→ Typ-1-Diabetiker sollten eventuell die FPE berücksichtigen.

→ Rindfleisch enthält hochwertiges Eiweiß und Eisen.

→ Fleisch sollten Sie maximal 2- bis 3-mal pro Woche essen. Kaufen Sie lieber weniger, aber dafür qualitativ hochwertiges Fleisch. Bei der Zubereitung sollten Sie möglichst wenig Fett verwenden.

Rindsgulasch

Für 4 Personen

ZUTATEN

- 500 g **Zwiebeln,** *in Streifen geschnitten*
- 4 EL **Öl** *zum Anbraten*
- 800 g **Rindfleisch** *(Schulter, Wadschinken, Hals)*
- 2 EL **Tomatenmark**
- ½ EL **Paprikapulver**
- 125 ml **dunkler, kräftiger Rotwein**
- 1 TL **Weißweinessig**
- 1 **Lorbeerblatt**
- **Salz**
- **Pfeffer** *aus der Mühle*
- 2 l **Kalbsbrühe** *(s. S. 158), Fleischsuppe (s. S. 158) oder Wasser*

GULASCHGEWÜRZ

- ½ **Knoblauchzehe,** *fein gehackt*
- ½ TL **Kümmel,** *gehackt*
- ½ TL **Majoran**
- 1 Msp. **Zitronenschale,** *gerieben*

Zubereitung

- Zwiebeln im heißen Öl goldgelb rösten.
- Rindfleisch in 40 g schwere Würfel schneiden.
- Zwiebeln an die Seite des Topfes schieben und Fleisch im verbleibenden Öl kräftig anbraten (oder extra in einer Pfanne anbraten), Tomatenmark dazugeben und kurz mitrösten.
- Mit Paprikapulver bestreuen, mit Rotwein und Weißweinessig ablöschen und einkochen lassen. Mit Lorbeer, Salz und Pfeffer würzen.
- Nach und nach mit Kalbsbrühe aufgießen und etwa **2 Stunden** schmoren lassen. Falls nötig noch etwas Kalbsbrühe nachgießen.
- Gulaschgewürz unter das Gulasch rühren, einmal aufkochen lassen und servieren.

Tipps

- Sie können das Fleisch beim Anbraten auch mit etwas Mehl bestauben, dann bindet die Sauce besser.
- Als Beilage eignen sich Polenta, Kartoffelpüree, Semmelknödel oder Perlzwiebeln.

Mittlere Nährwerte pro Portion

kcal 384 (kJ 1.608)
E 45 g **F** 16 g **KH** 10 g **BE** 0
CHOL 140 mg **BS** 2 g **FPE** 3
GI

HINWEIS → Achten Sie bei Übergewicht bzw. erhöhten Blutfettwerten darauf, dass die Saucen nicht zu viel Fett enthalten. Bevorzugen Sie fettarme Varianten.

Kalbsfilet mit Spargel

Für 4 Personen

ZUTATEN

20 ***weiße Spargelstangen***
1 EL ***Butter***
60 ml ***Weißwein***
1 TL ***Zucker***
600 g ***Kalbsfilet***
Salz
Pfeffer *aus der Mühle*
30 ml ***Öl*** *zum Anbraten*

WEITERES

2 EL ***Parmesan,*** *gerieben*
2 EL ***braune Butter***
schwarzer Pfeffer *aus der Mühle*
½ TL ***Salzblüte*** *(Fleur de Sel)*
1 EL ***Schnittlauch,*** *fein geschnitten*
2 EL ***Kresse*** *zum Garnieren*

Zubereitung

- Den Spargel schälen und das holzige Ende etwa 2 cm abschneiden.
- In reichlich Salzwasser mit Butter, Weißwein und Zucker **12–14 Minuten** kochen lassen, vom Feuer nehmen und im Wasser etwa **5 Minuten** ziehen lassen.
- Kalbsfilet in Medaillons schneiden, salzen und pfeffern und in einer heißen Pfanne mit Öl etwa **4 Minuten** beidseitig braten.
- Eventuell einige Minuten ruhen lassen, damit sich der Fleischsaft gleichmäßig verteilt.

Fertigstellung

- Den Spargel auf Tellern anrichten. Mit Parmesan bestreuen und mit brauner Butter übergießen.
- Die Kalbsfilets eventuell durchschneiden und auf den Spargel setzen. Mit schwarzem Pfeffer und Salzblüte bestreuen.
- Mit Schnittlauch und Kresse garnieren und servieren.

Mittlere Nährwerte pro Portion

kcal 314 (kJ 1.315)
E 33 g **F** 20 g **KH** 0 g **BE** 0
CHOL 131 mg **BS** 8 g **FPE** 3
GI

HINWEIS → Dieses Gericht enthält keine Kohlenhydrate.

Typ-1-Diabetiker sollten eventuell die FPE berücksichtigen.

GLUTENFREI

Herrengröstel

Für 4 Personen

HERRENGRÖSTEL

- 300 g ***festkochende Kartoffeln***
- ***Öl*** *zum Anbraten*
- 400 g ***Kalbsnuss*** *oder Kalbsfilet, geschnetzelt oder in Streifen geschnitten*
- 60 g ***Zwiebeln,*** *in feine Würfel geschnitten*
- 1 ***Lorbeerblatt***
- 1 TL ***Majoran,*** *fein geschnitten*
- 1 TL ***Petersilie,*** *fein geschnitten*
- 200 ml ***braune Kalbssauce*** *oder Fleischsuppe (s. S. 158)*
- ***Salz***
- ***Pfeffer*** *aus der Mühle*

GEBACKENE ZWIEBELRINGE

- 1 ***große Zwiebel***
- ***Mehl*** *zum Bestauben*
- ***Backfett***
- ***Salz***

WEITERES

- 4 ***Speckscheiben***
- 8 ***Lorbeerblätter***

Herrengröstel

- Kartoffeln waschen, in Salzwasser etwa **45 Minuten** kochen und auskühlen lassen. Schälen und in gleichmäßige Scheiben schneiden.
- In einer Pfanne Öl erhitzen und die Kartoffelscheiben darin goldgelb anbraten.
- Geschnetzeltes Kalbfleisch mit Salz und Pfeffer würzen und zusammen mit Zwiebeln in einer zweiten Pfanne in etwas heißem Öl kurz anbraten.
- Kartoffelscheiben, Lorbeerblatt, Majoran, Petersilie und braune Kalbssauce hinzufügen und etwa **10 Minuten** kochen lassen.
- Das Herrengröstel mit Salz und Pfeffer abschmecken.

Gebackene Zwiebelringe

- Zwiebel schälen, in nicht zu dünne Scheiben schneiden, sodass große Ringe entstehen, mit Mehl bestauben und etwas abklopfen. Zwiebelringe in heißem Backfett goldgelb backen, auf Küchenkrepp abtropfen lassen und etwas salzen.

Fertigstellung

- Speckscheiben ohne Fett anrösten. Gröstel auf Teller verteilen, mit Speckscheiben, Zwiebelringen und Lorbeerblättern garniert servieren.

Tipps

- Als Beilage empfehlen wir Krautsalat, Blattsalate usw.
- Sie können auch Steinpilze, Pfifferlinge oder Champignons zum Gröstel geben.

Mittlere Nährwerte pro Portion

kcal 388 (kJ 1.624)
E 26 g **F** 24 g **KH** 18 g **BE** 1
CHOL 79 mg **BS** 2 g **FPE** 3
GI

HINWEIS → Bei Übergewicht oder erhöhten Cholesterinwerten sollte man die gebackenen Zwiebelringe und die Speckscheiben weglassen.

Ossobuco alla milanese

Für 4 Personen

ZUTATEN

- 4 ***Kalbshaxenscheiben*** *(ossobuco)*
- ***Salz***
- ***Pfeffer*** *aus der Mühle*
- 50 g ***Mehl*** *zum Bestauben*
- 50 ml ***Öl*** *zum Braten*
- 100 ml ***Weißwein***
- 80 g ***Zwiebeln***
- 50 g ***Karotten***
- 50 g ***Stangensellerie***
- 1 EL ***Öl*** *zum Dünsten*
- 150 g ***Tomaten,*** *geschält und in Würfel geschnitten*
- 50 g ***frische Steinpilze*** *oder 5 getrocknete Steinpilzscheiben*
- 1 l ***Kalbsbrühe*** *(s. S. 158) oder Fleischsuppe (s. S. 158)*
- ***Kräuterbündel*** *(je 1 Zweig Rosmarin, Salbei, Petersilie, Thymian)*

GREMOLATA

- 1 ***Knoblauchzehe,*** *fein gehackt*
- 1 Msp. ***Zitronenschale,*** *gerieben*
- 1 EL ***Petersilie,*** *fein geschnitten*

WEITERES

- 1 TL ***Speisestärke*** *zum Binden*

Zubereitung

- Kalbshaxenscheiben mit Salz und Pfeffer würzen, mit Mehl bestauben und in einer heißen Bratpfanne im Öl anbraten.
- Öl abgießen und mit Weißwein ablöschen.
- Zwiebeln, Karotten und Stangensellerie putzen, waschen und in kleine Würfel schneiden. In 1 Esslöffel Öl in einer Pfanne etwas dünsten.
- Tomaten, Steinpilze, Kalbsbrühe und Kalbshaxenscheiben zum Gemüse geben und aufkochen lassen. Kräuterbündel hinzufügen, zudecken und im vorgeheizten Backofen bei etwa **180 Grad 2 Stunden** | **160 Grad 1½ Stunden** weich schmoren.
- Die Sauce nach Bedarf mit etwas Kalbsbrühe aufgießen, entfetten und, wenn nötig, mit Speisestärke binden.

Gremolata

- Für die Gremolata alle Zutaten vermischen.

Fertigstellung

- Fleisch auf Teller verteilen, mit Gemüsesauce übergießen, mit Gremolata bestreuen und mit Petersilie garniert servieren.

Tipp

- Sie können das Gericht mit frittierten Lauchstreifen garnieren und dazu Safranrisotto reichen (siehe Bild).

Mittlere Nährwerte pro Portion

kcal 387 (kJ 1.620)
E 28 g **F** 24 g **KH** 12 g **BE** 0
CHOL 74 mg **BS** 2 g **FPE** 3
GI

HINWEIS → Wenn Sie einen erhöhten Cholesterinspiegel haben, sollten Sie dieses Gericht bzw. das im Ossobuco enthaltene Knochenmark nicht zu häufig essen, da es sehr viel Fett und Cholesterin besitzt.

Wiener Schnitzel

Für 4 Personen

ZUTATEN

4 ***Kalbsschnitzel*** *zu 120 g (Kaiserteil oder Nuss)*
Salz
1 ***Ei***
2 EL ***Milch***
3 EL ***Mehl***
100 g ***Brotbrösel***

WEITERES

Backfett
1 ***Zitrone,*** *in Spalten geschnitten*

Zubereitung

- Kalbsschnitzel dünn klopfen (die Dicke der Schnitzel sollten Sie auf den persönlichen Geschmack abstimmen) und auf beiden Seiten salzen.
- Ei und Milch mit einer Gabel verrühren, Schnitzel in Mehl wenden und das überschüssige Mehl abschütteln.
- Schnitzel durch die Ei-Milch-Mischung ziehen und mit den Brotbröseln panieren.
- Brotbrösel etwas andrücken und leicht abschütteln.

Fertigstellung

- In einer Pfanne reichlich Backfett auf **160 Grad** erhitzen und die Schnitzel auf beiden Seiten etwa **3 Minuten** backen.
- Auf Küchenkrepp abtropfen lassen und mit Zitronenspalten servieren.

Tipps

- Servieren Sie dazu Preiselbeermarmelade.
- Als Beilage eignen sich Gurkensalat mit Dill (siehe Bild), Schnittlauchkartoffeln oder Blattsalate der Saison.

Mittlere Nährwerte pro Portion

kcal 493 (kJ 2.064)
E 31 g **F** 25 g **KH** 38 g **BE** 3
CHOL 56 mg **BS** 2 g **FPE** 3,5
GI

HINWEIS → Durch das Frittieren ist der Fettgehalt des Schnitzels sehr hoch. Verwenden Sie zum Ausbacken unbedingt ein hochwertiges, hitzebeständiges Fett mit einem hohen Anteil an ungesättigten Fettsäuren (Sonnenblumen- oder Rapsöl).

→ Servieren Sie zum Schnitzel außerdem eine kalorienarme Beilage.

Kalbsragout mit Kräuterknödeln

Für 4 Personen

KALBSRAGOUT
- 800 g **Kalbsschulter**
- **Salz**
- **Pfeffer**
- 2 EL **Mehl** *zum Bestauben*
- 50 ml **Öl** *zum Anbraten*
- 200 g **Zwiebeln,** *in Würfel geschnitten*
- 1 EL **Tomatenmark**
- 60 ml **Weißwein**
- 1 l **Kalbsbrühe** *(s. S. 158), Fleischsuppe (s. S. 158) oder Wasser*
- 1 TL **Knoblauch, Kümmel, Majoran, Zitronenschale,** *fein gehackt*

KRÄUTERKNÖDEL
- 200 g **schnittfestes Weißbrot** *oder Knödelbrot*
- 50 g **Zwiebeln**
- 2 EL **Öl**
- 2 **Eier**
- 150 ml **Milch**
- **Salz** und **Pfeffer**
- 2 EL **Kräuter (Petersilie, Schnittlauch, Kerbel** *oder* **Majoran),** *fein geschnitten*
- 2 EL **Mehl**

WEITERES
- 12 **Champignons,** *geviertelt und gedünstet*
- 12 **gekochte Gartenkarotten**
- **Rosmarin-** und **Majoranzweige** *zum Garnieren*

Kalbsragout

- Fleisch in etwa 30 g schwere Würfel schneiden, mit Salz und Pfeffer würzen und mit Mehl bestauben.
- In einem Topf Öl erhitzen, Fleisch anbraten, dann wieder herausnehmen. Zwiebeln in demselben Topf leicht anrösten, Tomatenmark dazugeben und mitrösten.
- Mit etwas Weißwein ablöschen, Fleisch dazugeben und so lange rösten, bis der Fleischsaft verdunstet ist.
- Nun noch einige Male mit Weißwein ablöschen, bis alles schön braun ist, dann mit Kalbsbrühe aufgießen und **1½–2 Stunden** schmoren lassen.
- Fleisch herausnehmen und warm stellen.
- Die Sauce mit dem Pürierstab aufmixen und das Fleisch wieder in die Sauce geben.
- Knoblauch, Kümmel, Majoran und Zitronenschale dazugeben und kurz aufkochen lassen.

Kräuterknödel

- Brot in kleine Würfel schneiden.
- Zwiebel schälen, in feine Würfel schneiden und in Öl hellbraun anschwitzen.
- Eier und Milch verrühren, salzen, pfeffern und mit Kräutern und gedünsteten Zwiebelwürfeln zum Brot geben.
- Mehl untermischen und zu einem glatten Teig vermengen. **10 Minuten** ruhen lassen.
- Aus der Masse mit nassen Händen kleine Knödel formen und in reichlich Salzwasser etwa **15 Minuten** kochen lassen.

Fertigstellung

- Das Ragout mit Kräuterknödeln, Champignons und Gartenkarotten anrichten. Mit Rosmarin und Majoran garniert servieren.

Mittlere Nährwerte pro Portion

kcal 628 (kJ 2.624)
E 54 g **F** 24 g **KH** 50 g **BE** 4
CHOL 144 mg **BS** 7 g **FPE** 4
GI ■■■■■■■■■■■

HINWEIS → Wenn Kinder mitessen, lassen Sie den Wein weg.

→ Frische Kräuter bereichern jedes Gericht. Ihre Vitamine und Mineralstoffe wirken verdauungsfördernd.

Geschmorte Kalbswange mit Polenta

Für 4 Personen

GESCHMORTE KALBSWANGE

- 8 **Kalbswangen** *(Kalbsbacken)*
- 2 EL **Öl** *zum Bestreichen*
- **Salz**
- **Pfeffer** *aus der Mühle*
- 100 g **Zwiebeln**
- 50 g **Karotten**
- 50 g **Stangensellerie**
- 4 EL **Öl** *zum Anbraten*
- 200 g **Tomaten** *oder Tomaten aus der Dose*
- 1 l **Kalbsbrühe** *(s. S. 158) oder Wasser*
- je 1 **Thymianzweig, Rosmarinzweig, Salbeiblatt, Lorbeerblatt**
- 1 **Knoblauchzehe**

POLENTA

- 500 ml **Wasser**
- **Salz**
- 2 EL **Öl**
- 125 g **gelbes Polentamehl,** *mittelfein*

WEITERES

- 1–2 TL **Speisestärke** *nach Bedarf*
- 150 g **gebratene Steinpilze**
- 150 g **gebratene Pfifferlinge**
- 1 EL **Kräuter (Petersilie, Majoran** *und* **Knoblauch),** *fein gehackt*
- **Majoranblätter** *zum Garnieren*

Geschmorte Kalbswange

- Kalbswangen parieren, dabei auch das Fett abschneiden, leicht mit Öl bestreichen und mit Salz und Pfeffer würzen.
- Zwiebeln, Karotten und Stangensellerie putzen, waschen und in mittelgroße Würfel schneiden.
- Kalbswangen in einer Bratpfanne in heißem Öl auf allen Seiten braun anbraten und in den auf ▭ **180 Grad** | ⊛ **160 Grad** vorgeheizten Backofen geben. Nach etwa **45 | 40 Minuten** auf ▭ **160 Grad** | ⊛ **140 Grad** zurückschalten, Gemüse und Tomaten dazugeben, kurz mitbraten. Mit etwas Kalbsbrühe aufgießen, Thymian, Rosmarin, Salbei, Lorbeerblatt und Knoblauch zufügen und etwa **45 | 40 Minuten** schmoren.
- Das Fleisch während des Schmorens öfters mit Kalbsbrühe begießen und ab und zu wenden.
- Nach Garende das Fleisch herausnehmen, mit Alufolie zudecken und warm stellen.

Polenta

- Wasser in einem hohen Topf zum Kochen bringen, salzen und Öl zufügen.
- Polentamehl langsam mit einem Schneebesen einrühren, um die Klümpchenbildung zu vermeiden. Weiterrühren, bis die Polenta fest ist.
- Anschließend mit einem Holzlöffel unter zeitweisem Umrühren auf kleiner Flamme **20–30 Minuten** kochen lassen.
- Die Polenta soll sich vom Topfboden lösen.

Fertigstellung

- Die Sauce etwa **15 Minuten** einkochen lassen, abschmecken, eventuell mit etwas angerührter Speisestärke binden und durch ein Sieb passieren.
- Das Fleisch mit Polenta, gebratenen Steinpilzen und Pfifferlingen auf Tellern anrichten, mit gehackten Kräutern bestreuen und mit Sauce und Majoranblättern garniert servieren.

Mittlere Nährwerte pro Portion

kcal 467 (kJ 1.955)
E 34 g **F** 24 g **KH** 32 g **BE** 2,5
CHOL 84 mg **BS** 5 g **FPE** 3,5
GI ■■■□□□□□□□□□

HINWEIS → Fleisch sollten Sie maximal 2- bis 3-mal pro Woche essen. Kaufen Sie lieber weniger, aber dafür qualitativ hochwertiges Fleisch. Bei der Zubereitung sollten Sie möglichst wenig Fett verwenden.

Reisfleisch

Für 4 Personen

ZUTATEN

- 50 g **Zwiebeln**
- 1 **Knoblauchzehe**
- 2 EL **Öl** *zum Dünsten*
- 250 g **Kalbsfilet** *oder Schweinsfilet, fein geschnetzelt*
- 1 TL **Paprikapulver**
- 320 g **Rundkornreis** *(Arborio, Carnaroli oder Vialone Nano)*
- 50 ml **Weißwein**
- 1 l **heiße Gemüsebrühe** *(s. S. 159) oder Wasser*
- **Salz**
- **Pfeffer** *aus der Mühle*
- 1 TL **Thymian,** *fein geschnitten*
- 1 TL **Majoran,** *fein geschnitten*
- 30 g **Parmesan,** *gerieben*

WEITERES

- **Petersilie** *zum Garnieren*
- 2 EL **Parmesanspäne** *zum Garnieren*

Zubereitung

- Zwiebeln und Knoblauch schälen, fein schneiden und in Öl dünsten.
- Fleisch dazugeben, mitdünsten und mit Paprikapulver würzen.
- Reis hinzufügen und bei milder Hitze unter ständigem Rühren glasig werden lassen.
- Mit Weißwein ablöschen und die Flüssigkeit vollständig einkochen lassen.
- Nach und nach mit heißer Gemüsebrühe aufgießen, sodass der Reis immer mit Flüssigkeit bedeckt ist.
- Unter ständigem Rühren etwa **18 Minuten** kochen lassen. Der Reis soll bissfest, aber cremig sein.
- Mit Salz, Pfeffer, Thymian und Majoran abschmecken und Parmesan unterrühren.
- Mit Petersilie und Parmesanspänen garniert servieren.

Mittlere Nährwerte pro Portion

kcal 486 (kJ 2.035)
E 24 g **F** 12 g **KH** 74 g **BE** 6
CHOL 56 mg **BS** 2 g **FPE** 2
GI

HINWEIS → Reisfleisch und eine große Portion Salat ergeben eine vollwertige Mahlzeit.

GLUTENFREI

Hacksteak im Sesambrötchen

Für 4 Personen

ZUTATEN

- 400 g **Kalbfleisch** *(Hals, Schulter oder rohe Kalbfleischreste)*
- 200 g **Schweinsschulter**
- 1 **Semmel vom Vortag,** *entrindet und in Stücke geschnitten*
- 100 ml **Milch**
- 50 g **Zwiebeln**
- 1 **Knoblauchzehe**
- 2 EL **Öl** *zum Dünsten*
- 1 **Ei**
- 1 TL **Senf**
- 1 EL **Petersilie,** *fein geschnitten*
- ½ TL **Majoran,** *fein geschnitten*
- 1 EL **Parmesan,** *gerieben*
- **Salz, Pfeffer** *aus der Mühle*
- 50 ml **Öl** *zum Anbraten*

WEITERES

- 4 **Sesambrötchen**
- 1 EL **Senf**
- 4 **Salatblätter**
- 4 **Tomatenscheiben**
- 2 **Essiggurken,** *in Scheiben geschnitten*
- 12 **Zwiebelringe**

Zubereitung

- Fleisch faschieren.
- Semmel in warmer Milch einweichen.
- Zwiebeln schälen und in feine Würfel schneiden. Knoblauch ebenfalls schälen, fein hacken und mit den Zwiebelwürfeln in Öl glasig dünsten. Auskühlen lassen.
- Semmel gut ausdrücken und mit faschiertem Fleisch, Ei, Zwiebeln, Knoblauch, Senf, Petersilie, Majoran, Parmesan, Salz und Pfeffer gut vermengen.
- Aus der Masse mit nassen Händen erst Kugeln und dann Laibchen formen.
- Öl in einer flachen, beschichteten Pfanne erhitzen, die Hacksteaks einlegen und beidseitig etwa **2 Minuten** anbraten, die Hitze reduzieren und etwa **8 Minuten** fertig braten.

Fertigstellung

- Sesambrötchen halbieren, mit Senf bestreichen und die untere Hälfte mit Salatblättern und Tomatenscheiben belegen.
- Hacksteak, Essiggurken und Zwiebeln darauflegen, mit der zweiten Sesambrötchenhälfte abdecken und servieren.

Mittlere Nährwerte pro Portion

kcal 585 (kJ 2.449)
E 42 g **F** 26 g **KH** 48 g **BE** 4
CHOL 92 mg **BS** 3 g **FPE** 4
GI

HINWEIS → Verwenden Sie statt der Sesambrötchen Vollkornbrötchen, das erhöht die Ballaststoffmenge und senkt den glykämischen Index.

→ Lassen Sie sich mageres Fleisch vom Metzger frisch faschieren.

Spareribs mit Honigmarinade

Für 4 Personen

HONIGMARINADE
- 2 EL ***Honig***
- 2 EL ***Tomatenmark***
- 1 EL ***Worcestersauce*** *oder Sojasauce*
- 1 TL ***Senf***
- 3 ***Knoblauchzehen***
- ½ TL ***Paprikapulver***
- ½ TL ***Tabasco***
- ***Salz***
- ***Pfeffer*** *aus der Mühle*

SPARERIBS
- 2 kg ***Spareribs***
- 2 EL ***Öl*** *zum Grillen*

WEITERES
- 100 g ***Maiskolben,*** *in Scheiben geschnitten und gegrillt*
- 80 g ***rote Zwiebeln,*** *gedünstet*
- 4 ***süße Chilischoten,*** *gegrillt*
- 4 ***Rosmarinzweige*** *zum Garnieren*

Honigmarinade

- Honig mit Tomatenmark, Worcestersauce und Senf kurz erwärmen.
- Knoblauch schälen, fein hacken und dazugeben.
- Mit Paprikapulver, Tabasco, Salz und Pfeffer würzen.

Spareribs

- Die Spareribs mit Honigmarinade bestreichen.
- Öl auf den vorgeheizten Grill geben. Spareribs auf einer Seite langsam bei mittlerer Hitze (**180 Grad**) grillen. Das Fleisch wenden und mit Marinade bestreichen. Diesen Vorgang mehrmals wiederholen.
- So lange grillen, bis das Fleisch knusprig ist und sich von den Knochen löst – etwa **25 Minuten**, je nach Größe der Spareribs.

Fertigstellung

- Spareribs in Stücke schneiden und mit gegrilltem Mais, gedünsteten Zwiebeln, Chilischote und Rosmarinzweig anrichten und servieren.

Mittlere Nährwerte pro Portion

kcal 611 (kJ 2.558)
E 52 g **F** 38 g **KH** 15 g **BE** 1
CHOL 201 mg **BS** 1 g **FPE** 5,5
GI

HINWEIS → Spareribs enthalten mehr Fett als mageres Schweinefleisch, sie sollten daher nur selten gegessen werden.

GLUTENFREI

Bauernomelette mit Champignons und Speck

Für 2 Personen

CHAMPIGNONS
- 80 g **Champignons**
- 1 EL **Butter** *zum Dünsten*
- 1 Spritzer **Zitronensaft**
- **Salz**
- **weißer Pfeffer** *aus der Mühle*

BAUERNOMELETTE
- 3 **Eier**
- 2 EL **Sahne**
- 1 EL **Petersilie,** *fein geschnitten*
- **Salz**
- 30 g **Speck,** *in Streifen geschnitten*
- 20 g **Zwiebeln,** *in Ringe geschnitten*
- 20 g **Butter** *zum Dünsten*
- 30 g **Stilfser Käse g. U.** *oder Fontina, in Würfel geschnitten*

WEITERES
- 4 **Speckscheiben**
- **Majoranblätter** *zum Garnieren*
- **Kerbelblätter** *zum Garnieren*

Champignons

- Champignons putzen, vierteln, in einer Pfanne in Butter schwenken, mit Zitronensaft beträufeln und etwa **4 Minuten** dünsten.
- Mit Salz und Pfeffer würzen.

Bauernomelette

- Eier in einer Schüssel mit Sahne, Petersilie und Salz gut verrühren.
- In einer beschichteten Pfanne Speck und Zwiebeln in Butter dünsten.
- Die Eiermasse hineingießen, Käse dazugeben und etwa **8 Minuten** stocken lassen, dabei mit einem Kochlöffel zu einem ovalen Omelette formen

Fertigstellung

- Bauernomelette mit Speckscheiben und gedünsteten Champignons auf Tellern anrichten. Mit Majoran und Kerbel garniert servieren.

Mittlere Nährwerte pro Portion

kcal 446 (kJ 1.867)
E 23 g **F** 38 g **KH** 3 g **BE** 0
CHOL 373 mg **BS** 2 g **FPE** 4
GI

HINWEIS → Dieses Gericht enthält sehr viele Kalorien, Fett und Cholesterin.

→ Es enthält kaum Blutzucker erhöhende Kohlenhydrate.

→ Typ-1-Diabetiker sollten eventuell die FPE berücksichtigen.

GLUTENFREI

Schweinsschopfbraten mit Bratkartoffeln und Broccoli

Für 4 Personen

ZUTATEN

- 800 g **Schweinsschopf** *(Schweinsnacken/Hals)*
- **Salz**
- **Pfeffer** *aus der Mühle*
- **Öl** *zum Anbraten*
- 300 g **Schweinsknochen,** *klein gehackt*
- 100 g **Zwiebeln**
- 60 g **Karotten**
- 60 g **Stangensellerie**
- 80 ml **Weißwein**
- 700 ml **Kalbsbrühe** *(s. S. 158) oder Wasser*
- 1 EL **Rosmarin,** *fein gehackt*
- 1 TL **Kümmel,** *fein gehackt*
- 1 TL **Speisestärke** *bei Bedarf*

WEITERES

- 250 g **gekochte Broccoliröschen**
- **Salz**
- 1 EL **Parmesan,** *gerieben*
- 2 EL **zerlassene Butter** *zum Übergießen*
- 400 g **Bratkartoffeln**
- **Rosmarin** *zum Garnieren*

Zubereitung

- Fleisch vom Fett befreien, mit Salz und Pfeffer würzen.
- Öl in einer Bratpfanne erhitzen, das Fleisch auf allen Seiten anbraten und mit den Knochen im vorgeheizten Backofen bei **180 Grad** | **160 Grad** braten.
- Zwiebeln, Karotten und Stangensellerie putzen, waschen und in mittelgroße Würfel schneiden.
- Nach etwa **30 | 25 Minuten** Bratzeit das Fleisch wenden und das Gemüse dazugeben.
- Hitze auf **160 Grad** | **140 Grad** reduzieren und etwa **40 | 35 Minuten** weiterbraten, nach und nach mit Weißwein und Kalbsbrühe aufgießen. Fleisch während des Bratens mehrmals mit der Sauce übergießen.
- Nach Ende der Garzeit das Fleisch herausnehmen, mit etwas Rosmarin und Kümmel bestreuen, in Alufolie wickeln und warm stellen.
- Die Sauce durch ein Sieb gießen und etwa **8 Minuten** einkochen lassen, eventuell mit etwas Speisestärke binden.

Fertigstellung

- Broccoli erwärmen, etwas salzen, mit Parmesan bestreuen und mit zerlassener Butter übergießen.
- Das Fleisch quer zur Faser in 5 mm dicke Scheiben schneiden, auf vorgewärmten Tellern anrichten und mit heißen Bratkartoffeln und Broccoli umlegen.
- Das Fleisch mit Sauce übergießen und mit Rosmarin garniert servieren.

Mittlere Nährwerte pro Portion

kcal 645 (kJ 2.700)
E 48 g **F** 38 g **KH** 25 g **BE** 1
CHOL 152 mg **BS** 5 g **FPE** 5
GI ▮▯▯▯▯▯▯▯▯▯

HINWEIS → Verwenden Sie Öl und Butter sparsam, besonders wenn Sie übergewichtig sind oder erhöhte Blutfettwerte haben.

Lammbratl mit Gemüse

Für 4 Personen

ZUTATEN
- 800 g **Milchlamm** *(Schulter, Schlegel, Brust)*
- **Salz**
- **Pfeffer** *aus der Mühle*
- 4 EL **Öl** *zum Anbraten*
- 100 g **Zwiebeln**
- 2 **Knoblauchzehen,** *grob geschnitten*
- 1 EL **Tomatenmark**
- 250 ml **kräftiger Weißwein**
- 500 ml **Fleischsuppe** *(s. S. 158) oder Wasser*
- 1 **Lorbeerblatt**
- 1 **Rosmarinzweig**
- 1 **Salbeiblatt**
- 1 **Thymianzweig**
- 1 **Tomate,** *in Würfel geschnitten*
- 1–2 TL **Speisestärke** *nach Bedarf*

WEITERES
- 50 g **gekochte Saubohnenkerne**
- 1 **gedünsteter Frühlingslauch**
- 4 **gekochte Gartenkarotten**
- 4 **gekochte grüne Spargelspitzen**
- 4 **neue Kartoffeln,** *halbiert und gebraten*

Zubereitung

- Das Fleisch mit Salz und Pfeffer würzen, in einen Bräter legen, mit etwas Öl beträufeln und in den **180 Grad** | **160 Grad** heißen Backofen stellen.
- Zwiebeln schälen, in große Würfel schneiden, zusammen mit Knoblauch zum Fleisch geben und mitbraten.
- Tomatenmark zugeben, mit Weißwein ablöschen und etwas einkochen lassen.
- Mit Fleischsuppe aufgießen und langsam **2 Stunden** | **1¾ Stunden** garen.
- Lorbeerblatt, Rosmarin, Salbei, Thymian und Tomatenwürfel zugeben und noch einmal etwa **10 Minuten** garen.

Fertigstellung

- Das Fleisch aus der Sauce nehmen und warm stellen.
- Die Sauce durch ein feines Sieb passieren, eventuell mit Speisestärke binden.
- Das Fleisch in Scheiben schneiden. Mit Saubohnen, Frühlingslauch, Gartenkarotten, Spargelspitzen, Kartoffeln und Sauce auf Tellern anrichten und servieren.

Mittlere Nährwerte pro Portion

kcal 670 (kJ 2.805)
E 49 g **F** 31 g **KH** 42 g **BE** 2
CHOL 142 mg **BS** 10 g **FPE** 4,5
GI

HINWEIS → Lammfleisch ist sehr zart und liefert hochwertiges, leicht verdauliches Eiweiß. Sie sollten allerdings auch fettarmes Fleisch maximal dreimal pro Woche genießen.

→ Dieses Gericht enthält kaum Kohlenhydrate.

Lammkoteletts mit Oliven-Kapernpesto

Für 4 Personen

LAMMKOTELETTS
- 12 **Lammkoteletts** *zu je 50 g*
- **Salz**
- **Pfeffer** *aus der Mühle*
- 3 EL **Öl** *zum Braten*

OLIVEN-KAPERNPESTO
- ½ **Knoblauchzehe**
- 1 EL **Petersilie**
- 1 EL **getrocknete Tomaten**
- 2 EL **schwarze Oliven** *ohne Stein*
- 1 EL **Salzkapern**, *gewässert*
- 4 EL **Olivenöl**
- **Salz**

WEITERES
- 200 g **rote Peperoni** *(Paprikaschoten)*, **Zucchini** *und* **Melanzane** *(Auberginen), gegrillt*

Lammkoteletts

- Lammkoteletts mit Salz und Pfeffer würzen.
- In einer Pfanne Öl erhitzen und Koteletts darin beidseitig etwa **2 Minuten** braten, aus der Pfanne nehmen und warm stellen.

Oliven-Kapernpesto

- Knoblauchzehe, Petersilie, getrocknete Tomaten, Oliven und Kapern grob hacken, mit Olivenöl vermischen und mit Salz würzen.

Fertigstellung

- Die Koteletts auf vorgewärmte Teller legen und mit Oliven-Kapernpesto beträufeln.
- Gegrilltes Gemüse daneben anrichten und servieren.

Tipps

- Als Beilage empfehlen wir Brandteigkartoffeln und Peperonata.
- Die Lammkoteletts sollten innen noch rosa sein, weil sie sonst zu trocken sind.
- Lamm kann man auch mit Salbei, Thymian, Rosmarin und Pfefferminze würzen.

Mittlere Nährwerte pro Portion

kcal 539 (kJ 2.257)
E 30 g **F** 45 g **KH** 3 g **BE** 0
CHOL 107 mg **BS** 2 g **FPE** 5
GI

HINWEIS → Schneiden Sie sichtbare Fettschichten ab, auf diese Weise können Sie den Cholesteringehalt reduzieren.

GLUTENFREI

Rosa gebratene Entenbrust

Für 4 Personen

ENTENBRUST

2 **Entenbrüste** *zu je 140 g*
Salz
Pfeffer *aus der Mühle*
2 EL **Öl** *zum Braten*
1 EL **Senf**
2 EL **Sesamsamen**

ORANGENSAUCE

2 EL **Orangensaft**
50 ml **roter Portwein**
1 Msp. **Orangenschale**
200 ml **braune Kalbssauce**
Salz *bei Bedarf*

WEITERES

400 g **gekochte Pastinaken,** *in Stücke geschnitten*
2 EL **Butter**
1 EL **Kerbel,** *fein geschnitten*
1 EL **Petersilienblätter**
schwarzer Pfeffer *aus der Mühle*

Entenbrust

- Entenbrüste mit einem Messer von den Sehnen befreien und das Fett teilweise wegschneiden.
- Entenbrüste salzen, pfeffern und in einer heißen Pfanne mit wenig Öl zuerst auf der Hautseite knusprig braun braten, umdrehen und auf der anderen Seite etwas kürzer fertig braten.
- Entenbrüste auf der Hautseite mit Senf bestreichen und mit Sesamsamen bestreuen.
- Das Fleisch im vorgeheizten Backofen bei etwa **180 Grad 8 Minuten** | **160 Grad 5 Minuten** (Kerntemperatur 60 Grad) garen.
- Anschließend in Alufolie wickeln und **3 Minuten** ruhen lassen.

Orangensauce

- Orangensaft, Portwein und Orangenschale auf die Hälfte einkochen lassen.
- Braune Kalbssauce dazugeben, evtl. salzen.

Fertigstellung

- Pastinaken in Butter erwärmen und mit Kerbel bestreuen.
- Die Entenbrüste in Scheiben schneiden und auf Tellern anrichten. Mit Pastinaken, Petersilienblättern, Orangensauce und Pfeffer garnieren und servieren.

Tipp

- Sie können zur Entenbrust Kartoffelrösti servieren (siehe Foto, s. S. 162).

Mittlere Nährwerte pro Portion

kcal 364 (kJ 1.524)
E 18 g **F** 26 g **KH** 13 g **BE** 1
CHOL 77 mg **BS** 4 g **FPE** 3
GI

HINWEIS → Entfernen Sie die Haut der Ente vor dem Servieren, sie enthält sehr viel Fett.

→ Entenbrust können Sie ohne Zugabe von Öl braten, da beim Anbraten auf der Hautseite genug Entenfett austritt.

Truthahn mit Glasnudeln und Curry

Für 4 Personen

ZUTATEN

500 g **Truthahnbrust**
50 g **Zwiebeln**
30 ml **Sesamöl** zum Dünsten
100 ml **Gemüsebrühe** (s. S. 159) oder Wasser
150 ml **ungesüßte Kokosmilch**
½ **frischer Peperoncino** (Chilischote), in feine Streifen geschnitten
1 TL **Curry**
1 Spritzer **Zitronensaft**
Salz
Pfeffer aus der Mühle

WEITERES

150 g **Glasnudeln**
2 EL **Sesamöl**
20 g **geröstete Mandelblättchen** zum Garnieren
Kerbel zum Garnieren

Zubereitung

- Truthahnbrust in gleichmäßige Streifen schneiden.
- Zwiebeln schälen und in feine Würfel schneiden.
- Sesamöl im Wok erhitzen und Zwiebelwürfel darin anschwitzen.
- Das Fleisch dazugeben und mitbraten.
- Mit Gemüsebrühe und Kokosmilch aufgießen, mit Peperoncino und Curry würzen.
- Etwa **4 Minuten** kochen lassen, bis die gewünschte Konsistenz erreicht ist. Mit Zitronensaft, Salz und Pfeffer abschmecken.

Fertigstellung

- Glasnudeln in Salzwasser etwa **3 Minuten** kochen, zum Fleisch in den Wok geben und kurz durchschwenken.
- Auf Tellern anrichten und mit Sesamöl, gerösteten Mandelblättchen und Kerbel garniert servieren.

Tipps

- Sie können noch gedünstete Karotten, Sellerie oder Zucchini dazugeben.
- Ergänzen Sie das Wok-Gericht mit Champignons, Pfifferlingen oder Shiitakepilzen.
- Verfeinern Sie das Wok-Gericht mit Ananas, Mango, Kirschen usw.
- Anstelle von Glasnudeln nehmen Sie gekochte Band- oder Reisnudeln.

Mittlere Nährwerte pro Portion

kcal 626 (kJ 2.621)
E 33 g **F** 38 g **KH** 38 g **BE** 3
CHOL 103 mg **BS** 7 g **FPE** 4,5
GI

HINWEIS → Dieses Gericht ist sehr ausgewogen, es enthält alle Hauptnährstoffe (Eiweiß, Fett, Kohlenhydrate).

→ Wenn Sie es mit Gemüse, Salat oder Pilzen kombinieren, erhöht sich der Ballaststoffgehalt.

Rehnuss mit Steinpilzen und Blumenkohl

Für 4 Personen

ZUTATEN
- 800 g **Rehnuss**
- **Salz**
- **Pfeffer** aus der Mühle
- 100 g **Zwiebeln**
- 50 g **Karotten**
- 40 g **Stangensellerie**
- 2 EL **Öl** zum Anbraten
- 600 ml **Kalbsbrühe** (s. S. 158) oder Wasser
- 1 **Thymianzweig**
- 1 **Rosmarinzweig**
- 2 **Salbeiblätter**
- 1 TL **Tomatenmark**
- 100 ml **kräftiger Rotwein**
- 3 **Wacholderbeeren,** zerdrückt
- 1 EL **Preiselbeermarmelade**

WEITERES
- 1–2 TL **Speisestärke** nach Bedarf
- **glasierte Schalotten, gekochter Blumenkohl, Schwarzbeeren** (Heidelbeeren) und **gebratene Steinpilze**
- 2 EL **geröstete Speckstreifen** zum Garnieren
- 2 EL **geröstete Brotwürfel** zum Garnieren

Zubereitung

- Rehnuss von den Sehnen befreien, mit Salz und Pfeffer würzen.
- Zwiebeln, Karotten und Stangensellerie putzen, waschen und in grobe Würfel schneiden.
- Fleisch im heißen Öl auf allen Seiten anbraten, die Sehnen und Abschnitte sowie das Gemüse dazugeben und rösten.
- Mit etwas Kalbsbrühe aufgießen und im vorgeheizten Backofen bei etwa **180 Grad 30 Minuten** | **160 Grad 25 Minuten** garen.
- Fleisch herausnehmen, mit Thymian, Rosmarin und Salbei in Alufolie wickeln und nachziehen lassen.
- Tomatenmark zum Bratensatz geben, ebenfalls anrösten, mit Rotwein ablöschen und die restliche Kalbsbrühe aufgießen. Wacholderbeeren und Preiselbeermarmelade dazugeben.
- Wildsauce auf kleiner Flamme etwa **15 Minuten** kochen lassen, bis sie die gewünschte Konsistenz hat.
- Sauce durch ein Sieb passieren, evtl. mit etwas Speisestärke binden.

Fertigstellung

- Die Rehnuss in Scheiben schneiden und mit Schalotten, Blumenkohl, Schwarzbeeren und Steinpilzen anrichten.
- Mit der Sauce, Speckstreifen und Brotwürfeln garniert servieren.

Mittlere Nährwerte pro Portion

kcal 407 (kJ 1.704)
E 56 g **F** 11 g **KH** 19 g **BE** 0
CHOL 105 mg **BS** 7 g **FPE** 3
GI

HINWEIS → Wildfleisch ist fettarm und reich an Mineralstoffen. Allerdings enthält es auch viel Purin (Harnsäure) und sollte deshalb von Menschen, die unter Gicht leiden, nur selten verzehrt werden.

→ Dieses Gericht enthält kaum Kohlenhydrate, Typ-1-Diabetiker sollten eventuell die FPE berücksichtigen.

Hirschfilet mit Selleriepüree

Für 4 Personen

HIRSCHFILET

- *600 g* ***Hirschfilet*** *oder Hirschrückenfilet*
- ***Salz*** *und* ***Pfeffer*** *aus der Mühle*
- *2 EL* ***Öl*** *zum Anbraten*
- *10 ml* ***Wacholderschnaps***
- *250 ml* ***Wildsauce*** *oder Kalbsbrühe (s. S. 158)*

GEWÜRZMISCHUNG

- *1 TL* ***Thymian,*** *fein geschnitten*
- *1 EL* ***Petersilie,*** *fein geschnitten*
- *5* ***Wacholderbeeren,*** *fein gehackt*
- *1 EL* ***Orangenschale,*** *gerieben*

SELLERIEPÜREE

- *300 g* ***Knollensellerie***
- *100 ml* ***Milch***
- *100 ml* ***Sahne***
- ***Salz***
- *1 Spritzer* ***Zitronensaft***

WEITERES

- ***Petersilienblätter***
- *100 g* ***Schwarzbeeren*** *(Heidelbeeren)*

Hirschfilet

- Hirschfilet parieren, in acht Medaillons schneiden und etwas klopfen.
- Mit Salz und Pfeffer würzen und in einer heißen Pfanne in etwas Öl auf beiden Seiten etwa **4 Minuten** braten. Medaillons aus der Pfanne nehmen und warm stellen.
- Öl abgießen und Bratensatz in der Pfanne mit Wacholderschnaps ablöschen.
- Mit Wildsauce aufgießen und aufkochen lassen.

Gewürzmischung

- Thymian, Petersilie, Wacholderbeeren und Orangenschale vermischen.

Selleriepüree

- Knollensellerie schälen, in 2 cm große Würfel schneiden und in Salzwasser kurz aufkochen lassen (blanchieren).
- Sellerie abseihen und mit Milch und Sahne etwa **20 Minuten** weich kochen.
- Sellerie im Mixer pürieren.
- Mit Salz und Zitronensaft abschmecken.

Fertigstellung

- Fleisch mit der Wildsauce auf Tellern anrichten, Gewürzmischung auf das Fleisch geben. Selleriepüree daneben anrichten. Mit Petersilie und Schwarzbeeren garniert servieren.

Mittlere Nährwerte pro Portion

kcal 511 (kJ 2.239)
E 37 g **F** 29 g **KH** 18 g **BE** 0
CHOL 154 mg **BS** 6 g **FPE** 4
GI

HINWEIS → Wildfleisch ist arm an Fett, aber reich an Purinen. Menschen mit erhöhten Harnsäurewerten sollten Wildbret nicht so häufig auf ihren Speiseplan setzen.

→ Dieses Gericht enthält kaum Kohlenhydrate, Typ-1-Diabetiker sollten eventuell die FPE berücksichtigen.

GLUTENFREI

Gemischt-Gekochtes BOLLITO MISTO

Für 4 Personen

ZUTATEN
- *400 g* ***Rindfleisch*** *(Beinfleisch, Tafelspitz, Schulter)*
- *400 g* ***Kalbfleisch*** *(Weißscherzel, Schulter)*
- *2* ***Hühnerschenkel***
- ***Salz***
- *100 g* ***Karotten***
- *100 g* ***Stangensellerie***
- *100 g* ***Fenchelknolle***
- *80 g* ***Lauch***
- *1* ***Zwiebel*** *mit Schale*
- *1* ***Lorbeerblatt***
- *3* ***Petersilienstängel***
- *6* ***Pfefferkörner,*** *zerdrückt*
- ***Salz***
- *1* ***kleine Kalbszunge***
- *200 g* ***Zampone*** *oder Cotechino*

WEITERES
- *150 ml* ***Salsa verde*** *(s. S. 160)*

Zubereitung

- In einem großen Topf Wasser zum Kochen bringen, Rind- und Kalbfleisch dazugeben und etwa **1¼ Stunden** köcheln lassen.
- Hühnerschenkel zugeben und die Temperatur verringern. Salzen und weitere **45 Minuten** köcheln lassen.
- Karotten, Stangensellerie, Fenchel und Lauch putzen, in mittelgroße Stücke schneiden und zum Fleisch geben.
- Zwiebel halbieren, mit der Schnittfläche auf Alufolie legen und in einer Pfanne leicht bräunen.
- Gebräunte Zwiebel, Lorbeerblatt, Petersilienstängel, Pfefferkörner und Salz dazugeben und so lange kochen, bis Fleisch und Gemüse gar sind.
- Kalbszunge und Zampone in einen Topf geben, knapp mit Wasser bedecken und zum Kochen bringen. Die Hitze reduzieren und alles etwa **1½ Stunden** weich kochen.

Fertigstellung

- Kalbszunge kalt abschrecken, mit dem Küchenmesser an der Spitze einschneiden und die Haut abziehen.
- Vor dem Servieren nochmals zum übrigen Fleisch geben und heiß werden lassen.
- Fleisch, Kalbszunge und Zampone in Scheiben schneiden. Zusammen mit den Hühnerschenkeln auf einer vorgewärmten Platte anrichten, mit Fleischsuppe, Suppengemüse und Salsa verde anrichten und servieren.

Tipps

- Als Beilage passen Bouillonkartoffeln.
- Sie können auch Rindszunge und Kalbskopf für den Bollito misto verwenden.
- Sie können die Zutaten für die Salsa verde mit der Moulinette grob mixen oder bei größeren Mengen den Fleischwolf verwenden.
- Andere Saucen: Meerrettichsahne, Mostarde, Senf usw.

Mittlere Nährwerte pro Portion

kcal 734 (kJ 3.023)
E 66 g **F** 49 g **KH** 6 g **BE** 0
CHOL 196 mg **BS** 3 g **FPE** 7
GI

HINWEIS → Gemischt-Gekochtes ist kalorienarm und eiweißreich.

→ Wer den Fettgehalt noch etwas verringern möchte, sollte nur wenig Salsa verde verwenden.

GLUTENFREI

Kalbsleber auf gebratenem Kürbis und Kastanien

Für 4 Personen

ZUTATEN

- 500 g ***Kalbsleber***
- 2 EL ***Mehl*** *zum Bestauben*
- 3 EL ***Öl*** *zum Anbraten*
- 1 TL ***Majoran,*** *fein geschnitten*
- ***Salz***

WEITERES

- 2 EL ***Olivenöl***
- 400 g ***Kürbis,*** *in Scheiben geschnitten*
- 100 g ***gekochte Kastanien,*** *geschält*
- ***Salz***
- ***schwarzer Pfeffer*** *aus der Mühle*
- ***Majoranblätter***

Zubereitung

- Kalbsleber enthäuten und in Scheiben schneiden.
- Mit Mehl bestauben und in einer Pfanne in heißem Öl rasch auf beiden Seiten etwa **4 Minuten** anbraten. Mit Majoran und Salz würzen.
- Olivenöl erhitzen, Kürbisscheiben und Kastanien etwa **4 Minuten** darin braten. Mit Salz und schwarzem Pfeffer würzen und bereitstellen.
- Gebratenen Kürbis, Kastanien und Kalbsleber auf Tellern anrichten und mit Majoranblättern garniert servieren.

Tipps

- Als Beilage können Sie Berner Rösti, Röstkartoffeln oder gedünsteten Reis servieren.
- Salzen Sie Leber immer erst am Schluss, sonst wird sie hart und zäh.

Mittlere Nährwerte pro Portion

kcal 390 (kJ 1.633)
E 29 g **F** 21 g **KH** 23 g **BE** 1
CHOL 239 mg **BS** 3 g **FPE** 3
GI

HINWEIS → Leber besitzt viele Vitamine, Mineralstoffe und Eisen. Sie enthält aber auch sehr viel Cholesterin. Bei erhöhten Cholesterinwerten sollte man Innereien deshalb meiden.

Trippa nach Parma-Art

TRIPPA ALLA PARMIGIANA

Für 4 Personen

ZUTATEN

- 700 g **Rindskutteln** *oder Schweinskutteln (Magen), weich gekocht*
- 150 g **Zwiebeln**
- 50 ml **Öl** *zum Dünsten*
- 3 EL **Mehl**
- 1 EL **Tomatenmark**
- 300 g **Tomatenwürfel** *oder Tomaten aus der Dose*
- 125 ml **Rotwein**
- 1 l **Fleischsuppe** *(s. S. 158) oder Wasser*
- 1 **Lorbeerblatt**
- ½ TL **Majoran,** *fein geschnitten*
- 1 Msp. **Zitronenschale,** *gerieben*
- **Pfeffer** *aus der Mühle*
- **Salz**
- 40 g **Parmesan,** *gerieben*

WEITERES

- **Dillspitzen** *zum Garnieren*
- **Majoranblätter** *zum Garnieren*

Zubereitung

- Die Kutteln in feine Streifen schneiden.
- Zwiebeln schälen, in kleine Würfel schneiden und in Öl dünsten.
- Mehl, Tomatenmark und Tomaten unterrühren, mit Rotwein und Fleischsuppe aufgießen und das Ganze aufkochen lassen.
- Kutteln dazugeben, Lorbeerblatt, Majoran und Zitronenschale zufügen, mit Pfeffer und Salz würzen und zugedeckt etwa **40 Minuten** kochen lassen.
- Mit Parmesan verfeinern und mit Dill und Majoran garniert servieren.

Tipp

- Kutteln gibt es beim Metzger schon gekocht und geschnitten zu kaufen. Sollten Sie die Kutteln roh kaufen, müssen Sie sie gut waschen und mit Wurzelgemüse in Salzwasser etwa 2½ Stunden weich kochen.

Mittlere Nährwerte pro Portion

kcal 441 (kJ 1.845)
E 36 g **F** 25 g **KH** 11 g **BE** 0
CHOL 121 mg **BS** 2 g **FPE** 3,5
GI

HINWEIS → Dieses Gericht enthält kaum Kohlenhydrate. Typ-1-Diabetiker müssen dieses Gericht nicht berechnen.

VEGETARISCH

Farbenfroh und abwechslungsreich

Tomaten-Zucchini-Omelette

Für 4 Personen

ZUTATEN

- 8 **Eier**
- 50 ml **Milch**
- **Salz**
- 40 g **Butter**
- 150 g **Zucchini,** *in Würfel geschnitten*
- 200 g **Tomaten,** *geschält und in Würfel geschnitten*

WEITERES

- 125 g **Mozzarella,** *in Würfel geschnitten*
- 1 TL **Basilikum,** *fein geschnitten*
- 1 EL **Olivenöl** *zum Garnieren*

Zubereitung

- Eier in einer Schüssel mit Milch und Salz gut verrühren.
- Butter in eine beschichtete Pfanne geben und erhitzen. Zucchini dazugeben und kurz anbraten.
- Mit der Eiermasse übergießen und etwa 4 Minuten langsam stocken lassen.
- Die Tomatenwürfel darauf verteilen.
- Mit einem Kochlöffel ein ovales Omelette formen.

Fertigstellung

- Tomaten-Zucchini-Omelette auf Teller geben und vorsichtig einschneiden.
- Mozzarellawürfel und Basilikum in den Spalt füllen, mit Olivenöl garnieren und servieren.

Tipps

- Sie können auch andere Käsesorten verwenden.
- Als Beilage passen Salzkartoffeln.

Mittlere Nährwerte pro Portion

kcal 356 (kJ 1.424)
E 22 g **F** 28 g **KH** 3 g **BE** 0
CHOL 485 mg **BS** 1 g **FPE** 3
GI

HINWEIS → Dieses Gericht enthält keine den Blutzucker erhöhende Kohlenhydrate und muss daher nicht berechnet werden.

→ Eier sind sehr eiweißreich und eine Alternative zu Fleisch oder Fisch.

GLUTENFREI

Mit Gorgonzolacreme gefüllter Chicorée und Birnen

Für 4 Personen

GORGONZOLACREME
- 100 g **Gorgonzola** *(cremige Sorte)*
- 80 g **Topfen** *(Quark)*
- 1 EL **Walnüsse,** *grob gehackt*
- 1 EL **Schnittlauch,** *fein geschnitten*
- **Salz**
- **Pfeffer** *aus der Mühle*

CHICORÉESALAT
- 200 g **Chicorée**
- 1 **Birne**
- 1 EL **Zitronensaft**

WEITERES
- 1 EL **Schnittlauch,** *fein geschnitten, zum Garnieren*
- 2 EL **Rohnensprossen** *zum Garnieren*
- 1 EL **Olivenöl**

Gorgonzolacreme

- Gorgonzola mit einer Gabel zerdrücken, mit Topfen, Walnüssen, Schnittlauch, Salz und Pfeffer cremig rühren.

Chicoréesalat

- Chicorée putzen, Blätter ablösen, waschen und abtrocknen.
- Birne waschen, schälen, halbieren, entkernen und in dünne Scheiben schneiden. Sofort mit Zitronensaft beträufeln.

Fertigstellung

- Die Chicoréeblätter auf Teller verteilen. Mit Gorgonzolacreme füllen und mit Birnenscheiben belegen. Mit Schnittlauch und Rohnensprossen garniert und mit Olivenöl beträufelt servieren.

Mittlere Nährwerte pro Portion

kcal 170 (kJ 712)
E 8 g **F** 12 g **KH** 7 g **BE** 0
CHOL 18 mg **BS** 3 g **FPE** 1
GI

HINWEIS → Dieses Gericht enthält kaum den Blutzucker erhöhende Kohlenhydrate.

GLUTENFREI

Kichererbseneintopf

Für 4 Personen

ZUTATEN

150 g ***getrocknete Kichererbsen***
50 ml ***Olivenöl*** *zum Dünsten*
150 g ***Lauch*** *oder Zwiebeln, in kleine Würfel geschnitten*
1 ***Knoblauchzehe,*** *fein gehackt*
2 l ***Wasser***
Salz
1 TL ***Ingwer,*** *gerieben*
1 TL ***geriebene Kurkumawurzel*** *oder Kurkumapulver (Gelbwurz)*
120 g ***Fenchelknolle,*** *in Würfel geschnitten*
150 g ***Tomaten,*** *geschält und in Würfel geschnitten*
100 g ***gekochte Erbsenschoten,*** *halbiert*
1 EL ***Petersilie,*** *fein geschnitten*
1 EL ***Basilikum,*** *fein geschnitten*

WEITERES

Kurkumawurzelscheiben *zum Garnieren*

Zubereitung

- Kichererbsen waschen und etwa **10 Stunden** in kaltem Wasser quellen lassen, dann abseihen.
- In einem Topf Olivenöl erhitzen, Lauch und Knoblauch darin andünsten, Kichererbsen dazugeben. Mit Wasser aufgießen und zugedeckt etwa **1 Stunde** kochen lassen.
- Am Ende der Garzeit salzen (zu frühes Salzen verhärtet den Zellkern der Kichererbsen und sie bleiben hart).
- Ingwer, Kurkuma und Fenchel dazugeben und weitere **10 Minuten** kochen lassen.
- Tomaten und Erbsenschoten dazugeben, noch einige Minuten mitkochen und mit Petersilie und Basilikum würzen. Auf Teller verteilen und mit Kurkumawurzelscheiben garniert servieren.

Tipps

- Sie können auch anderes Gemüse mitkochen, z. B. Karotten, Knollensellerie, Petersilienwurzeln usw.
- Dieser Eintopf eignet sich sehr gut als Hauptgericht.
- Anstelle von Kurkuma verwenden Sie Safranfäden.

Mittlere Nährwerte pro Portion

kcal 255 (kJ 1.068)
E 120 g **F** 15 g **KH** 22 g **BE** 0
CHOL 0 mg **BS** 9 g **FPE** 2
GI ■■□□□□□□□□

HINWEIS → Hülsenfrüchte enthalten sehr viele Ballaststoffe und lassen den Blutzucker nur langsam ansteigen.

→ Für Typ-1-Diabetiker sind Hülsenfrüchte in normalen Mengen anrechnungsfrei.

GLUTENFREI

Gebackene Zucchini mit Mozzarella

Für 4 Personen

ZUTATEN

300 g ***gelbe und grüne Zucchini***
Salz
Pfeffer *aus der Mühle*
12 ***dünne Mozzarellascheiben***
12 ***Basilikumblätter***
2 ***Eier***
50 ml ***Milch***
2 EL ***Parmesan,*** *gerieben*
Mehl *zum Panieren*
Backfett

WEITERES

Friséesalat, Lollo rosso, Eichblattsalat *zum Garnieren*
Majoranblätter *zum Garnieren*
Olivenöl

Zubereitung

- Zucchini in runde, 5 mm dicke Scheiben schneiden. Mit Salz und Pfeffer würzen.
- Zwischen zwei Zucchinischeiben eine Mozzarellascheibe und ein Basilikumblatt legen.
- Eier mit Milch und Parmesan vermischen.
- Die gefüllten Zucchini mit Mehl bestauben und durch die verrührten Eier ziehen.
- In heißem Fett schwimmend bei **180 Grad** etwa **3 Minuten** auf beiden Seiten backen. Auf Küchenkrepp abtropfen lassen.
- Die gebackenen Zucchinischeiben mit Salaten auf Tellern anrichten, mit Majoranblättern und Olivenöl garniert servieren.

Mittlere Nährwerte pro Portion

kcal 515 (kJ 2.156)
E 17 g **F** 43 g **KH** 16 g **BE** 0
CHOL 136 mg **BS** 4 g **FPE** 4,5
GI

HINWEIS → Essen Sie eine große Portion Salat dazu. Salat oder Gemüse ist die Basis unserer Ernährung und sollte nie fehlen.

→ Dieses Gericht enthält wenig Kohlenhydrate, Typ-1-Diabetiker sollten eventuell die FPE berücksichtigen.

Safran-Couscous mit Gemüse

Für 4 Personen

ZUTATEN
- 50 g **Zwiebeln**
- 2 EL **Olivenöl** *zum Dünsten*
- 50 g **Peperoni** *(Paprikaschoten)*
- 40 g **Zucchini**
- 400 ml **Wasser**
- 1 TL **Safranfäden** *oder 1 Pkg. Safran*
- 1 TL **Limettenschale,** *gerieben*
- **Salz**
- **Pfeffer** *aus der Mühle*
- 200 g **Couscous**
- 1 Msp. **Minze,** *fein geschnitten*
- 1 EL **Limettensaft**

PEPERONIPÜREE
- 100 g **Peperoni** *(Paprikaschoten)*
- 1 **Schalotte,** *fein geschnitten*
- 1 EL **Olivenöl** *zum Dünsten*
- 100 ml **Wasser**
- **Salz**

MILCHSCHAUM
- 50 ml **Milch**
- 4 **Minzeblätter**

WEITERES
- 4 EL **Sprossen** *(Radieschen-, Alfalfa- und Senfsprossen) zum Garnieren*

Zubereitung

- Zwiebeln schälen, fein schneiden und in etwas Olivenöl leicht anschwitzen.
- Peperoni und Zucchini in feine Würfel schneiden, zu den Zwiebeln geben und dünsten.
- Wasser angießen und mit Safran, Limettenschale, Salz und Pfeffer würzen.
- Couscous dazugeben, etwa **5 Minuten** quellen lassen, bis er weich ist, und mit Minze sowie Limettensaft verfeinern.

Peperonipüree

- Peperoni mit einem Sparschäler schälen, entkernen und waschen.
- Schalotten in Olivenöl dünsten, Peperoni mitdünsten, Wasser angießen, salzen und etwa **12 Minuten** weich kochen.
- Peperoni mit einem Pürierstab fein pürieren.

Milchschaum

- Milch mit Minzeblättern erwärmen, abseihen und mit einem Pürierstab aufschäumen.

Fertigstellung

- Couscous auf Tellern anrichten, mit Sprossen belegen, mit Milchschaum und Peperonipüree servieren.

Mittlere Nährwerte pro Portion

kcal 260 (kJ 1.089)
E 8 g **F** 10 g **KH** 36 g **BE** 3
CHOL 1 mg **BS** 7 g **FPE** 1
GI

HINWEIS → Sprossen bereichern jedes Gericht mit Vitaminen und Mineralstoffen.

→ Sprossen können auch im Winter auf der Fensterbank gezogen werden.

Grünkernlaibchen auf Rahmgurken

Für 4 Personen

GRÜNKERNLAIBCHEN
300 ml **Gemüsebrühe** (s. S. 159)
1 **Lorbeerblatt**
2 **Wacholderbeeren,** *zerquetscht*
150 g **Grünkern,** *geschrotet*
50 g **Zwiebeln,** *fein geschnitten*
1 **Knoblauchzehe,** *fein gehackt*
1 EL **Öl** *zum Dünsten*
80 g **Karotten,** *fein gerieben*
50 g **Topfen** *(Quark)*
1 TL **Senf**
1 Msp. **Zitronenschale,** *gerieben*
1 TL **Paprikapulver**
1 TL **Majoran**
40 g **Brotbrösel**
Salz *und* **Pfeffer** *aus der Mühle*
30 ml **Olivenöl**

RAHMGURKEN
250 g **Salatgurken**
50 g **Schalotten,** *fein geschnitten*
20 g **Butter** *zum Dünsten*
100 ml **Sahne**
Salz
1 EL **Dill,** *fein geschnitten*

WEITERES
Kerbel *zum Garnieren*

Grünkernlaibchen

- Gemüsebrühe mit Lorbeerblatt und Wacholderbeeren aufkochen, Grünkern mit dem Schneebesen einrühren und aufkochen lassen. Anschließend etwa **45 Minuten** quellen lassen.
- Zwiebelwürfel und Knoblauch in Öl andünsten, Karotten zugeben und leicht mitdünsten.
- Den Grünkernbrei dazugeben und mit Topfen, Senf, Zitronenschale, Paprikapulver, Majoran und Brotbröseln vermischen, gut verkneten und mit Salz und Pfeffer abschmecken. Ist die Masse zu weich, noch etwas Brotbrösel dazugeben.
- Aus der Masse Laibchen formen und in Olivenöl etwa **12 Minuten** braten. Eventuell im Backofen fertig backen.

Rahmgurken

- Salatgurken schälen, halbieren und in Scheiben schneiden.
- Schalotten in Butter andünsten, Gurken dazugeben und mitdünsten.
- Sahne angießen und Gurken darin etwa **7 Minuten** weich kochen.
- Mit Salz und Dill abschmecken.

Fertigstellung

- Die Grünkernlaibchen auf Rahmgurken anrichten, mit Kerbel garniert servieren.

Mittlere Nährwerte pro Portion

kcal 411 (kJ 1.721)
E 10 g **F** 25 g **KH** 39 g **BE** 3
CHOL 31 mg **BS** 4 g **FPE** 2,5
GI

HINWEIS → Grünkern ist halbreif geernteter und anschließend gedarrter Dinkel. Er enthält viele Kohlenhydrate sowie viele B-Vitamine und Vitamin E.

Spitzkohl-Gerste

Für 4 Personen

ZUTATEN
- *200 g* ***Rollgerste***
- *100 g* ***Zwiebeln***
- *1* ***Knoblauchzehe***
- *2 EL* ***Öl*** *zum Dünsten*
- *50 ml* ***Weißwein***
- *1 l* ***heiße Gemüsebrühe*** *(s. S. 159) oder Wasser*
- *200 g* ***Spitzkohl***
- ***Salz***
- ***Pfeffer*** *aus der Mühle*
- *½ EL* ***Zitronensaft***
- *50 g* ***Parmesan,*** *gerieben*

WEITERES
- *80 g* ***geräucherter Ricotta*** *zum Bestreuen*
- *2 EL* ***Spitzkohl,*** *in Streifen geschnitten, zum Garnieren*

Zubereitung

- Rollgerste in Wasser etwa 2 Stunden einweichen und abseihen.
- Zwiebeln und Knoblauch schälen, fein schneiden und in Öl leicht dünsten.
- Rollgerste zugeben und etwas mitdünsten.
- Mit Weißwein ablöschen und die Flüssigkeit vollständig einkochen lassen.
- Gemüsebrühe aufgießen, sodass die Gerste mit Flüssigkeit bedeckt ist.
- Unter oftmaligem Rühren etwa **20 Minuten** kochen lassen.
- Spitzkohl in Streifen schneiden und etwa 5 Minuten vor Garende zur Gerste geben.
- Die Gerste soll weich, aber noch etwas bissfest sein.
- Mit Salz, Pfeffer und Zitronensaft abschmecken und mit Parmesan verfeinern.
- Ricotta zerbröseln. Gerste auf Tellern anrichten. Mit Ricotta und Spitzkohlstreifen garniert servieren.

Tipps

- Anstelle von geräuchertem Ricotta verwenden Sie Burrata oder Mozzarella.
- Sie können auch das Einweichwasser der Gerste zum Aufgießen verwenden.
- Sollte die Gerste nicht schön cremig werden, reiben Sie kurz vor Garende eine mehlige Kartoffel in die Gerste.

Mittlere Nährwerte pro Portion

kcal 312 (kJ 1.306)
E 13 g **F** 12 g **KH** 39 g **BE** 3
CHOL 25 mg **BS** 6 g **FPE** 1,5
GI ▮▮▮▮▮▮▮▮▮▮▮▮▮▮▮

HINWEIS → Essen Sie als Vorspeise einen Salat, um den glykämischen Index zu verringern.

→ Gerste besitzt sehr viele Kohlenhydrate und ist eine gute Alternative zu Reis, Nudeln usw.

Kastanien-Kartoffelroulade auf Lauch

Für 4 Personen

KARTOFFELTEIG
400 g **mehlige Kartoffeln**
1 **Eigelb**
1 EL **zerlassene Butter**
120 g **Mehl**
Salz
1 Msp. **Muskat,** *gerieben*

KASTANIENFÜLLUNG
50 g **Zwiebeln,** *fein geschnitten*
30 ml **Öl** *zum Dünsten*
300 g **gekochte Kastanien,** *passiert*
1 EL **Parmesan,** *gerieben*
Salz
Pfeffer *aus der Mühle*

WEITERES
200 g **Lauch,** *in Blättchen geschnitten und in Butter gedünstet*
30 g **Parmesanspäne** *zum Garnieren*
12 **glasierte Kastanien** *zum Garnieren*
Sesamsamen *zum Garnieren*

Kartoffelteig

- Kartoffeln schälen, in 2 x 2 cm große Würfel schneiden und etwa **20 Minuten** in Salzwasser kochen. Abseihen und etwas ausdämpfen lassen (damit sie trockener sind).
- Kartoffeln durch die Kartoffelpresse drücken, mit Eigelb und Butter verkneten und auskühlen lassen.
- Mehl, Salz und Muskat unter die Kartoffelmasse kneten.

Kastanienfüllung

- Zwiebelwürfel in Öl goldgelb dünsten und mit den gekochten und passierten Kastanien vermischen.
- Parmesan dazugeben, mit Salz und Pfeffer würzen und bereitstellen.

Fertigstellung

- Kartoffelteig 5 mm dick zu einem Rechteck (15 x 25 cm) ausrollen.
- Kastanienfüllung mit einer Palette oder einem Löffel etwa 5 mm dick daraufstreichen.
- Teig zu einer Roulade aufrollen, in eine gebutterte Alufolie wickeln und gut verschließen.
- Die Knödelrolle im kochenden Salzwasser etwa **20 Minuten** kochen.
- Aus der Folie nehmen, in 2 cm dicke Scheiben schneiden und auf den gedünsteten Lauchblättchen anrichten. Mit Parmesan und den glasierten und mit Sesam bestreuten Kastanien garniert servieren.

Mittlere Nährwerte pro Portion

kcal 550 (kJ 2.303)
E 14 g **F** 20 g **KH** 82 g **BE** 7
CHOL 100 mg **BS** 12 g **FPE** 2
GI ▮▮▮▮▮▯▯▯▯▯▯

HINWEIS → Ersetzen Sie das Mehl durch Vollkornmehl, dadurch verringert sich der glykämische Index.
→ Kastanien enthalten viele Kohlenhydrate.

Sellerieschnitzel mit Maisflocken gebacken und Kräutersalat

Für 4 Personen

SELLERIESCHNITZEL

8 ***Knollenselleriescheiben*** *zu je 40 g*
Salz
1 ***Ei*** *zum Panieren*
3 EL ***Mehl*** *zum Panieren*
100 g ***Maisflocken*** *(Cornflakes), grob zerbröselt, zum Panieren*

KRÄUTERSALATE

40 g ***Salat und Kräuter*** *(Frisée, Dill, Ringelblumen, Schnittlauchblüten und Kerbel)*

NUSSDRESSING

2 EL ***Nussöl***
1 EL ***Apfelessig***
2 EL ***Apfelsaft***
Salz
Pfeffer

WEITERES

Backfett

Sellerieschnitzel

- Knollenselleriescheiben in Salzwasser etwa **7 Minuten** kochen.
- Wasser abgießen und Sellerie auf beiden Seiten salzen.
- Ei mit einer Gabel verquirlen, Knollenselleriescheiben in Mehl wenden, überschüssiges Mehl abschütteln, durch das verquirlte Ei ziehen und mit grob zerbröselten Maisflocken panieren. Etwas andrücken und leicht abschütteln.

Kräutersalat

- Friséesalat, Dill, Ringelblumen, Schnittlauchblüten und Kerbel zupfen und waschen.

Nussdressing

- Nussöl, Apfelessig, Apfelsaft, Salz und Pfeffer zu einer Vinaigrette verrühren.

Fertigstellung

- In einer Pfanne reichlich Fett erhitzen, die Sellerieschnitzel auf beiden Seiten bei etwa **160 Grad** ungefähr **4 Minuten** backen und auf Küchenkrepp abtropfen lassen.
- Kräutersalate mit Nussdressing marinieren und auf Teller verteilen.
- Sellerieschnitzel auf dem Kräutersalat anrichten und servieren.

Tipps

- Wenden Sie die Schnitzel nicht zu früh und lassen Sie sie auch nicht zu lang in der Pfanne, sonst löst sich die Panade und der Sellerie wird trocken.

Mittlere Nährwerte pro Portion

kcal 293 (kJ 1.227)
E 6 g **F** 16 g **KH** 31 g **BE** 2,5
CHOL 56 mg **BS** 6 g **FPE** 2
GI ▮▮▯▯▯▯▯▯▯▯▯▯

HINWEIS → Dieses Gericht enthält kaum den Blutzucker erhöhende Kohlenhydrate.

Vollkorn-Gemüselasagne

Für 4 Personen

GEMÜSE
- 150 g **Fenchel**
- 200 g **Karotten**
- 200 g **Knollensellerie**
- 150 g **Zucchini**
- 100 g **Lauch**
- 30 ml **Olivenöl** zum Dünsten
- **Salz**

WEITERES
- 150 g **Weizenvollkornnudelteig** (s. S. 161)
- 2 EL **Butter** zum Ausstreichen der Form und zum Beträufeln
- 500 ml **Béchamelsauce** (s. S. 161)
- 1 EL **Majoran**
- **Parmesan,** gerieben
- 150 ml **Tomatensauce** (s. S. 160), püriert
- **Fenchelgrün** zum Garnieren

Gemüse

- Fenchel, Karotten, Knollensellerie, Zucchini und Lauch putzen, waschen und in Würfel schneiden.
- Die Gemüsewürfel in Olivenöl etwa **4 Minuten** dünsten, salzen und bereitstellen.

Fertigstellung

- Nudelteig mit der Nudelmaschine dünn ausrollen, in 6 x 6 cm große Blätter schneiden und in Salzwasser **2–3 Minuten** kochen. Mit dem Schaumlöffel herausnehmen, in kaltes Wasser geben und auskühlen lassen. Auf Küchenkrepp abtropfen lassen.
- Eine feuerfeste Form mit Butter ausstreichen und abwechselnd Béchamelsauce, Nudelblätter, Gemüsewürfel, Majoran und Parmesan hineinschichten.
- Mit Béchamelsauce abschließen, mit Butter beträufeln und im vorgeheizten Backofen bei etwa **180 Grad 20 Minuten** | **160 Grad 18 Minuten** backen.
- Lasagne portionieren und mit Tomatensauce auf Tellern anrichten. Mit Parmesan bestreuen und mit Fenchelgrün garniert servieren.

Tipps

- Sie können den Knollensellerie durch Kürbis, Tomaten oder Melanzane (Auberginen) ersetzen.
- Servieren Sie zur Vollkorn-Gemüselasagne frischen oder geräucherten Scamorza.

Mittlere Nährwerte pro Portion

kcal 605 (kJ 2.533)
E 21 g **F** 37 g **KH** 51 g **BE** 4
CHOL 177 mg **BS** 11 g **FPE** 4
GI

HINWEIS → Wenn Sie die Béchamelsauce ohne Butter zubereiten, sparen Sie Fett und Kalorien.

Dinkelpalatschinken mit Chicorée

Für 4 Personen

PALATSCHINKEN
140 g ***Dinkelvollkornmehl,*** *fein*
200 ml ***Milch***
1 Prise ***Salz***
3 ***Eier***
2 EL ***Öl*** *zum Backen*

CHICORÉE
600 g ***Chicorée***
40 g ***Zwiebeln,*** *fein geschnitten*
1 ***Knoblauchzehe,*** *fein gehackt*
30 ml ***Öl*** *zum Dünsten*
Pfeffer *aus der Mühle*
Salz
1 TL ***Basilikum,*** *fein geschnitten*
1 TL ***Petersilie,*** *fein geschnitten*
50 g ***Parmesan,*** *gerieben*

WEITERES
2 EL ***Butter*** *zum Ausstreichen der Form und zum Überbacken*
500 ml ***Béchamelsauce*** *(s. S. 161)*
1 EL ***Parmesan*** *zum Überbacken*
Rohnensprossen, Zwiebelsprossen *und* ***Kerbel*** *zum Garnieren*

Palatschinken

- Dinkelvollkornmehl und Milch glatt rühren, Salz und Eier unterrühren.
- In einer Pfanne etwas Öl erhitzen, etwas Teig hineingeben und dabei die Pfanne so bewegen, dass der Teig gleichmäßig verlaufen kann. Die Palatschinken auf beiden Seiten backen.
- Fortfahren, bis der Teig aufgebraucht ist.

Chicorée

- Chicorée putzen, waschen und in Streifen schneiden.
- Zwiebelwürfel und Knoblauch in Öl andünsten.
- Chicorée dazugeben und fertig dünsten.
- Mit Pfeffer, Salz, Basilikum und Petersilie würzen und mit Parmesan verfeinern.

Fertigstellung

- Die Palatschinken mit dem Chicorée belegen und zweimal falten oder einrollen (je nach Belieben).
- In eine mit Butter ausgestrichene, feuerfeste Form geben und Béchamelsauce darübergießen.
- Mit Parmesan bestreuen, mit Butter beträufeln und im vorgeheizten Backofen bei etwa **180 Grad 25 Minuten** | **160 Grad 20 Minuten** backen.
- Die Palatschinken auf Tellern anrichten, mit Rohnen-, Zwiebelsprossen und Kerbel garniert servieren.

Mittlere Nährwerte pro Portion

kcal 564 (kJ 2.361)
E 26 g **F** 30 g **KH** 48 g **BE** 4
CHOL 207 mg **BS** 6 g **FPE** 4
GI

HINWEIS → Dieses Gericht sollte besonderen Anlässen vorbehalten sein, da es sehr fett- und kalorienreich ist.

Vollkornrisotto mit Peperoni, Kapern und Minze

Für 4 Personen

ZUTATEN
- 240 g **Vollkorn-Rundkornreis**
- 4 **rote Peperoni** *(Paprikaschoten)*
- 80 g **Zwiebeln**
- 2 EL **Olivenöl** *zum Dünsten*
- 50 ml **Weißwein**
- 1 l **heiße Gemüsebrühe** *(s. S. 159) oder Wasser*
- **Salz**
- **Pfeffer** *aus der Mühle*

WEITERES
- 1 Msp. **Peperoncinopulver** *(Chilipulver)*
- 30 g **Parmesan,** *gerieben*
- 1 EL **Kapern**
- 1 EL **Parmesan** *zum Bestreuen*
- 8 **Kapernäpfel** *zum Garnieren*
- 1 TL **Minze,** *fein geschnitten*
- 4 **Minzeherzen** *zum Garnieren*

Zubereitung

- Vollkornreis etwa **2 ½ Stunden** in kaltem Wasser quellen lassen.
- Peperoni waschen und im Ganzen im Backofen bei etwa **180 Grad 10 Minuten** backen, bis die Schale braun wird. Die Haut abziehen.
- Etwa die Hälfte der Peperoni in kleine Würfel schneiden. Den Rest pürieren und bereitstellen.
- Zwiebeln schälen, fein schneiden und in Olivenöl leicht andünsten.
- Vollkornreis abseihen und zu den gedünsteten Zwiebeln geben.
- Mit Weißwein ablöschen und die Flüssigkeit unter ständigem Rühren vollständig einkochen lassen.
- Nach und nach mit Gemüsebrühe aufgießen, sodass der Reis immer mit Flüssigkeit bedeckt ist.
- Unter ständigem Rühren etwa **25 Minuten** kochen lassen, bis der Risotto bissfest *(al dente)*, seine Konsistenz aber cremig ist. Mit Salz und Pfeffer würzen.
- Pürierte Peperoni und Peperoniwürfel zum Risotto geben, mit Peperoncino und Parmesan verfeinern.

Fertigstellung

- Risotto auf Tellern anrichten, mit Kapern und Parmesan bestreuen, mit Kapernäpfeln, Minzestreifen und Minzeherzen garniert servieren.

Mittlere Nährwerte pro Portion

kcal 346 (kJ 1.449)
E 10 g **F** 10 g **KH** 56 g **BE** 4,5
CHOL 9 mg **BS** 5 g **FPE** 1
GI

HINWEIS → Vollkornreis hat einen niedrigen glykämischen Index.

GLUTENFREI

Kürbispuffer

Für 4 Personen

KÜRBISPUFFER

- 20 g **Zwiebeln,** *fein geschnitten*
- 2 EL **Öl** *zum Dünsten*
- 400 g **Kürbis,** *grob geraspelt*
- 2 EL **Dinkelvollkornmehl**
- 1 Msp. **Kardamom**
- **Salz**
- **Pfeffer** *aus der Mühle*
- 40 ml **Öl** *zum Braten*

WEITERES

- 20 g **Blutsauerampfer** *oder Kresse*
- 4 TL **Magertopfen** *(Quark)*
- 1 EL **geröstete Kürbiskerne,** *gehackt*
- 2 EL **Kürbiskernöl** *zum Garnieren*

Kürbispuffer

- Zwiebeln in Öl dünsten, mit geraspeltem Kürbis und Dinkelvollkornmehl vermischen, mit Kardamom, Salz und Pfeffer würzen.
- In einer beschichteten Pfanne Öl erhitzen, einen runden, glatten Ausstecher (4 cm Ø) in die Pfanne setzen, etwas von der Masse hineingeben, flach drücken, den Ausstecher entfernen und die Puffer auf beiden Seiten etwa **8 Minuten** braten.

Fertigstellung

- Die Kürbispuffer mit Blutsauerampfer und Magertopfen auf Tellern anrichten, mit gerösteten Kürbiskernen bestreuen, mit Kürbiskernöl garnieren und servieren.

Tipps

- Servieren Sie zu den Kürbispuffern Grillgemüse.
- Statt Blutsauerampfer können Sie Schnittkresse verwenden.
- Anstelle von Kardamom verwenden Sie geriebenen Ingwer.

Mittlere Nährwerte pro Portion

kcal 230 (kJ 963)
E 2 g **F** 22 g **KH** 7 g **BE** 0
CHOL 0 mg **BS** 2 g **FPE** 2
GI

HINWEIS → Dieses Gericht enthält kaum den Blutzucker erhöhende Kohlenhydrate.

Quinoalaibchen auf Wokgemüse

Für 4 Personen

QUINOALAIBCHEN
- 300 ml **Gemüsebrühe** *(s. S. 159) oder Wasser*
- 1 **Lorbeerblatt**
- 2 **Wacholderbeeren,** *zerquetscht*
- 150 g **Quinoa,** *geschrotet*
- 50 g **Zwiebeln,** *fein geschnitten*
- 1 **Knoblauchzehe,** *fein gehackt*
- 1 EL **Öl** *zum Dünsten*
- 80 g **Karotten,** *fein gerieben*
- 50 g **Topfen** *(Quark)*
- 1 TL **Senf**
- 1 Msp. **Zitronenschale,** *gerieben*
- 1 TL **Paprikapulver**
- 1 TL **Majoran**
- 40 g **Brotbrösel**
- **Salz**
- **Pfeffer** *aus der Mühle*
- 30 ml **Olivenöl** *zum Braten*

WOKGEMÜSE
- 250 g **Karotten**
- 100 g **Mangold**
- 50 g **Frühlingszwiebeln**
- 100 g **Sojasprossen**
- 80 ml **Olivenöl**
- **Salz**

Quinoalaibchen

- Gemüsebrühe mit Lorbeerblatt und Wacholderbeeren aufkochen.
- Quinoa mit dem Schneebesen einrühren und etwa **30 Minuten** kochen lassen. Anschließend etwa **15 Minuten** quellen lassen.
- Zwiebelwürfel und Knoblauch in Öl andünsten, Karotten dazugeben und leicht mitdünsten.
- Quinoa dazugeben und alles mit Topfen, Senf, Zitronenschale, Paprikapulver, Majoran und Brotbröseln vermischen.
- Mit Salz und Pfeffer abschmecken und gut verkneten. Ist die Masse zu weich, noch etwas Brotbrösel dazugeben.
- Aus der Masse Laibchen formen und in Olivenöl etwa **10 Minuten** braten, eventuell im Backofen fertig garen.

Wokgemüse

- Karotten schälen, halbieren und in feine Streifen schneiden.
- Mangold und Frühlingszwiebeln putzen und ebenfalls in feine Streifen schneiden.
- Sojasprossen gründlich unter fließendem Wasser waschen und gut abtropfen lassen.
- Olivenöl im Wok erhitzen und das Gemüse darin etwa **7 Minuten** braten.
- Mit Salz abschmecken.

Fertigstellung

- Das Wokgemüse auf Tellern anrichten, Quinoalaibchen darauflegen und servieren.

Mittlere Nährwerte pro Portion

kcal 500 (kJ 2.093)
E 10 g **F** 33 g **KH** 42 g **BE** 3,5
CHOL 0 mg **BS** 6 g **FPE** 3,5
GI

HINWEIS → Quinoa ist eine gute Alternative zu Reis oder Nudeln.

→ Quinoa hat einen niedrigen glykämischen Index!

DESSERTS

Ein Genuss für besondere Anlässe

Preiselbeeromeletten

PALATSCHINKEN MIT PREISELBEERMARMELADE

Für 4 Personen, 8 Stück

ZUTATEN
100 g ***Mehl***
100 ml ***Milch***
1 TL ***Zucker***
1 Prise ***Salz***
3 ***Eier***

WEITERES
100 g ***Preiselbeermarmelade***
Butter *zum Backen*
Staubzucker
Minze *zum Garnieren*

Omeletten

- Mehl und Milch glatt rühren, Zucker, Salz und Eier unterrühren.
- In einer beschichteten Pfanne Butter erhitzen, etwas Teig hineingeben, dabei die Pfanne so bewegen, dass der Teig gleichmäßig verlaufen kann. Die Omeletten bei mittlerer Hitze auf beiden Seiten etwa **6 Minuten** backen. Mit dem restlichen Teig ebenso verfahren, bis er aufgebraucht ist.
- Die gebackenen Omeletten mit Preiselbeermarmelade füllen und einrollen. Mit Staubzucker bestreuen und noch warm mit Minze garniert servieren.

Mittlere Nährwerte pro Portion
kcal 319 (kJ 1.336)
E 9 g **F** 15 g **KH** 40 g **BE** 3
CHOL 170 mg **BS** 1 g **FPE** 1,5
GI

HINWEIS → Mit Vollkornmehl verringert sich der glykämische Index. Kombinieren Sie dieses Dessert mit einer leichten Vorspeise.

→ Typ-1-Diabetiker sollten eventuell „Multi Wave“ verwenden.

Schokoladentörtchen mit Vanillesahne

Für 4 Personen

SCHOKOLADENTÖRTCHEN
- 80 g ***weiche Butter***
- 40 g ***Zucker***
- 3 ***Eigelb***
- 1 EL ***Cognac*** *oder Brandy*
- 1 Pkg. ***Vanillezucker***
- 30 g ***Mehl***
- 25 g ***Speisestärke***
- 85 g ***Bitterschokolade*** *(Kuvertüre)*
- 3 ***Eiweiß***
- 1 Prise ***Salz***

VANILLESAHNE
- 100 ml ***Sahne***
- 1 Msp. ***Vanillemark***
- 1 EL ***Staubzucker***

WEITERES
- ***Butter*** *zum Ausstreichen der Formen*
- ***Brotbrösel*** *oder Zucker für die Formen*
- 4 ***Vanilleschoten*** *zum Garnieren*
- ***Staubzucker***

Schokoladentörtchen

- Butter mit 20 g Zucker schaumig rühren. Eigelb nach und nach einrühren. Cognac, Vanillezucker, Mehl und Speisestärke unterrühren.
- Bitterschokolade klein hacken und im Wasserbad schmelzen lassen, etwas abkühlen lassen und unter die Buttermasse rühren.
- Eiweiß mit Salz anschlagen, mit dem restlichen Zucker zu Eischnee schlagen und vorsichtig unter die Masse heben.
- Die Masse in gebutterte und mit Brotbröseln ausgestreute Formen drei Viertel voll einfüllen.
- Einen Topf mit Küchenkrepp auslegen. Zwei Finger hoch heißes Wasser einfüllen, die Formen hineinstellen und bei etwa **180 Grad 20 Minuten** backen (keine Umluft verwenden).

Vanillesahne

- Sahne nicht ganz steif schlagen und mit Vanillemark und Staubzucker verfeinern.

Fertigstellung

- Die gebackenen Schokoladentörtchen noch warm auf Tellern anrichten, Vanillesahne dazugeben und mit Vanilleschoten garnieren.
- Mit Staubzucker bestreuen und servieren.

Mittlere Nährwerte pro Portion

kcal 520 (kJ 2.177)
E 9 g **F** 37 g **KH** 39 g **BE** 3
CHOL 228 mg **BS** 2 g **FPE** 3,5

HINWEIS → Sehr kalorien- und kohlenhydratreich.

→ Für Typ-1-Diabetiker ist das Dessert wegen des hohen glykämischen Indexes eventuell bei Unterzuckerung geeignet.

Marillenknödel

Für 4 Personen, 8 Knödel

KARTOFFELTEIG
- 400 g ***mehlige Kartoffeln***
- 1 ***Eigelb***
- 1 EL ***zerlassene Butter***
- 120 g ***Mehl***
- ***Salz***

FÜLLUNG
- 8 ***kleine Marillen*** *(Aprikosen)*
- 80 g ***Rohmarzipan*** *oder ½ Stück Würfelzucker pro Knödel zum Füllen*

WEITERES
- 50 g ***Zucker***
- 1 TL ***Zimt***
- 100 g ***geröstete, sehr kleine Brotwürfel*** *oder Brotbrösel*
- 50 g ***zerlassene Butter***
- 4 ***Zitronenmelisseherzen*** *zum Garnieren*
- 50 ml ***Karamellsauce*** *zum Garnieren*
- ***Staubzucker*** *zum Bestreuen*

Kartoffelteig

- Kartoffeln schälen, in 2 x 2 cm große Würfel schneiden und etwa **20 Minuten** in Salzwasser kochen. Abseihen und etwas ausdämpfen lassen (damit sie trockener sind).
- Kartoffeln durch die Kartoffelpresse drücken, mit Eigelb und Butter verkneten, auskühlen lassen.
- Mehl und Salz unter die Kartoffelmasse kneten.

Fertigstellung

- Den Kartoffelteig 1 cm dick ausrollen und in acht gleich große Quadrate schneiden.
- Marillen waschen, abtrocknen, einschneiden, jedoch nicht ganz durchschneiden, den Kern herausnehmen und mit je 10 g Rohmarzipan füllen.
- Nun die Teigquadrate um die Marillen wickeln, gut verschließen und zu Knödeln formen.
- Die Knödel in reichlich Salzwasser etwa **15 Minuten** kochen.
- Zucker, Zimt und Brotwürfel vermischen, die Knödel darin wälzen und auf Tellern anrichten. Mit zerlassener Butter übergießen, mit Zitronenmelisse, Karamellsauce und Staubzucker garniert servieren.

Mittlere Nährwerte pro Portion

kcal 706 (kJ 2.956)
E 11 g **F** 32 g **KH** 100 g **BE** 8
CHOL 174 mg **BS** 4 g **FPE** 3
GI

HINWEIS → Bereiten Sie die Marillenknödel mit Vollkornmehl zu und servieren Sie sie als Hauptgericht oder mit einer leichten Vorspeise.

Topfenknödel

Für 4 Personen, 8 Knödel

TEIG

- 40 g ***weiche Butter***
- 1 Pkg. ***Vanillezucker***
- 1 Msp. ***Zitronenschale,*** *gerieben*
- 1 Prise ***Salz***
- 200 g ***Magertopfen*** *(Quark), nicht zu nass*
- 2 ***Eier***
- 1 EL ***Mehl***
- 100 g ***Weißbrot*** *oder Toastbrot, entrindet und in Würfel geschnitten*

WEITERES

- 50 g ***Weißbrotbrösel***
- 50 g ***Butter***
- 50 g ***Zucker***
- 1 TL ***Zimt***
- 200 g ***Zwetschgenröster*** *(gedünstete Zwetschgen)*
- ***Melisseblätter*** *zum Garnieren*

Zubereitung

- Butter, Vanillezucker, Zitronenschale und Salz schaumig rühren.
- Topfen, Eier sowie Mehl dazugeben, zuletzt Brotwürfel untermengen. Die Topfenmasse etwa **1 Stunde** kalt stellen.
- Aus der Masse mit dem Eisportionierer Knödel formen (oder mit einem Löffel Nocken formen) und in Salzwasser etwa **10 Minuten** kochen.

Fertigstellung

- Weißbrotbrösel in Butter rösten, mit Zucker und Zimt vermischen und die Knödel darin wälzen.
- Zwetschgenröster auf Tellern anrichten und Knödel darauflegen.
- Mit Melisseblättern garnieren und servieren.

Tipps

- Verwenden Sie nur sehr trockenen Topfen. Sollte er zu nass sein, lassen Sie ihn in einem Passiertuch oder Sieb mindestens 2 Stunden abtropfen.

Mittlere Nährwerte pro Portion

kcal 580 (kJ 2.378)
E 15 g **F** 23 g **KH** 84 g **BE** 7
CHOL 169 mg **BS** 4 g **FPE** 2,5
GI

HINWEIS → Ein Dessert ist kein Sattmacher, sondern ein Genuss. Essen Sie es eher selten und nehmen Sie nur eine kleine Portion.

Buchteln mit Vanillesauce

Für 4 Personen, 12 kleine Buchteln

HEFETEIG
- *25 g* ***Hefe***
- *40 g* ***Zucker***
- *100 ml* ***lauwarme Milch***
- *2* ***Eier***
- *1 Pkg.* ***Vanillezucker***
- *1 TL* ***Orangenschale,*** *gerieben*
- *20 ml* ***Rum***
- *300 g* ***Mehl***
- *40 g* ***zerlassene Butter***
- *1 Prise* ***Salz***

WEITERES
- ***Marillenmarmelade*** *(Aprikosenmarmelade) zum Füllen*
- ***zerlassene Butter*** *zum Bestreichen*
- ***Staubzucker*** *zum Bestreuen*
- *100 ml* ***Vanillesauce*** *(s. S. 163)*
- ***Ananassalbei*** *zum Garnieren*

Hefeteig

- Für das Dampfl zerbröckelte Hefe und Zucker mit Milch verrühren und **15 Minuten** zugedeckt bei maximal **35 Grad** gehen lassen.
- Eier, Vanillezucker, Orangenschale und Rum vermischen und leicht erwärmen.
- Mehl, Dampfl und Eiergemisch verrühren, zerlassene Butter und Salz dazugeben. Mit der Küchenmaschine gut durchkneten bzw. schlagen, bis der Teig Blasen wirft. Zugedeckt **15 Minuten** auf das doppelte Volumen aufgehen lassen.

Fertigstellung

- Den Teig mit einem Nudelholz etwa 1,5 cm dick ausrollen und mit einem runden Ausstecher (6 cm Ø) Kreise ausstechen, Marillenmarmelade daraufgeben und gut verschließen.
- Die Buchteln mit zerlassener Butter bestreichen und mit der Verschlussstelle nach unten nebeneinander in eine Alu- oder Auflaufform schichten. Mit einem Tuch bedeckt nochmals an einem warmen Ort **20 Minuten** gehen lassen.
- Im vorgeheizten Backofen bei etwa **180 Grad 35 Minuten** | **160 Grad 30 Minuten** backen.
- In der Form kurz auskühlen lassen und dann auf das Backbrett stürzen, auseinandernehmen, mit Staubzucker bestreuen und noch warm mit Vanillesauce und Ananassalbei garniert servieren.

Mittlere Nährwerte pro Portion

kcal 868 (kJ 3.632)
E 19 g **F** 22 g **KH** 155 g **BE** 13
CHOL 392 mg **BS** 2 g **FPE** 2,5
GI

HINWEIS → Ersetzen Sie das Mehl teilweise oder ganz durch Vollkornmehl. Dadurch senken Sie den glykämischen Index.

Windbeutel

Für 4 Personen

BRANDTEIG
- *60 ml* **Wasser**
- *60 ml* **Milch**
- *50 g* **Butter**
- *1 Prise* **Salz**
- *1 TL* **Zucker**
- *70 g* **Mehl**
- *2* **Eier**

FÜLLUNG
- *160 ml* **Sahne**
- *1 EL* **Staubzucker**
- *1 Pkg.* **Vanillezucker**
- *2 EL* **Rum**

Brandteig

- Wasser, Milch, Butter, Salz und Zucker in einem Topf kurz aufkochen lassen.
- Mehl im Sturz (alles auf einmal) dazugeben und den Teig bei mittlerer Hitze mit einem Kochlöffel kräftig rühren, bis er sich vom Topfboden löst. Auf dem Boden muss ein weißlicher Belag sichtbar sein.
- Topf vom Herd nehmen und Teig in eine Schüssel geben.
- Etwas auskühlen lassen. Eier nach und nach unterrühren (das nächste Ei immer erst dazugeben, wenn sich das vorherige mit dem Teig gut verbunden hat).
- Den Teig in einen Spritzsack mit Sterntülle füllen.
- Ein Blech mit Backpapier auslegen, darauf mit dem Spritzsack Rosetten (Windbeutel) spritzen und im vorgeheizten Backofen bei etwa **200 Grad 18 Minuten** | **180 Grad 15 Minuten** backen.
- Bei ausgeschaltetem Backofen etwas trocknen lassen.
- Auskühlen lassen und mit einem Sägemesser in der Mitte durchschneiden.

Füllung

- Sahne steif schlagen, mit Staubzucker, Vanillezucker und Rum abschmecken. Den Windbeutelboden üppig mit einer Sahnerosette füllen und den Deckel daraufsetzen.

Tipps

- Servieren Sie die Windbeutel auf Erdbeermark (im Bild, s. S. 163) oder mit frischen Beeren.
- Sie können auch Sauerrahmeis dazu servieren.

Mittlere Nährwerte pro Portion

kcal 381 (kJ 1.595)
E 7 g **F** 27 g **KH** 26 g **BE** 2
CHOL 160 mg **BS** 0 g **FPE** 2,5
GI

Südtiroler Apfelstrudel

Für 1 Strudel, etwa 10 Stück

MÜRBTEIG

- 120 g **Butter**
- 100 g **Staubzucker**
- 1 Msp. **Zitronenschale,** *gerieben*
- 1 Pkg. **Vanillezucker**
- 1 **Ei**
- 1 EL **Sahne** *oder Milch*
- 300 g **Mehl**
- ½ Pkg. **Backpulver**
- 1 Prise **Salz**

FÜLLUNG

- 600 g **Äpfel** *(Golden Delicious oder Jonagold)*
- 30 g **Brotbrösel**
- 1 EL **Butter** *zum Rösten der Brotbrösel*
- 90 g **Zucker**
- 30 g **Butter**
- 30 g **Sultaninen**
- 20 g **Pinoli**
- 20 g **Mandeln,** *fein gerieben*
- 15 g **Walnüsse,** *grob gehackt*
- 2 EL **Rum**
- 1 Pkg. **Vanillezucker**
- ½ TL **Zimt**
- 1 Msp. **Zitronenschale,** *gerieben*

WEITERES

- 1 **Ei** *zum Bestreichen*
- **Staubzucker** *zum Bestreuen*
- 50 ml **geschlagene Sahne** *zum Garnieren*
- ½ TL **Zimt**
- 50 g **Preiselbeermarmelade** *zum Garnieren*

Mürbteig

- Die nicht zu kalte Butter mit Staubzucker, Zitronenschale und Vanillezucker rasch zu einer homogenen Masse verrühren, bis keine Butterstücke mehr zu sehen sind.
- Ei und Sahne dazugeben, Mehl, gesiebtes Backpulver und Salz beimischen und zu einem Teig verkneten.
- In Klarsichtfolie wickeln (um den Teig vor dem Austrocknen zu schützen) und etwa **1 Stunde** im Kühlschrank ruhen lassen.

Füllung

- Äpfel schälen, entkernen und in kleine Scheiben schneiden.
- Brotbrösel in einer Pfanne mit etwas Butter anrösten.
- Zucker in einem flachen Kochtopf karamellisieren, Äpfel und Butter dazugeben und **2 Minuten** glasieren.
- Äpfel kurz auskühlen lassen und mit Brotbröseln, Sultaninen, Pinoli, Mandeln, Walnüssen, Rum, Vanillezucker, Zimt und Zitronenschale vermischen.

Fertigstellung

- Den Mürbteig auf einem bemehlten Nudelbrett 40 x 25 cm groß ausrollen, am Rand zwei schmale Längsstreifen vom Teig abschneiden und bereitstellen.
- Den Teig auf ein mit Papier ausgelegtes oder mit Butter bestrichenes Backblech legen. Die Apfelfüllung auf den Teig geben und den Strudel einschlagen.
- Den Strudel mit verquirltem Ei bestreichen und mit den Teigstreifen verzieren.
- Im Backofen bei etwa **180 Grad 40 Minuten** | **160 Grad 35 Minuten** backen.
- Strudel mit Staubzucker bestreuen, portionieren und mit Schlagsahne auf Tellern anrichten. Mit Zimt und Preiselbeermarmelade garnieren und servieren.

Mittlere Nährwerte pro Portion

kcal 437 (kJ 1.830)
E 6 g **F** 20 g **KH** 62 g **BE** 5
CHOL 65 mg **BS** 3 g **FPE** 2
GI

HINWEIS → Für ein kalorienarmes Dessert bereiten Sie den Apfelstrudel mit Ziehteig zu.

Vollkorn-Linzer-Schnitte

Für 1 Kuchenform (26 cm Ø), 16 Stück

ZUTATEN

200 g ***weiche Butter***
160 g ***Honig***
1 ***Ei***
1 Pkg. ***Vanillezucker***
½ Msp. ***Zitronenschale,*** *gerieben*
½ TL ***Zimt***
1 Msp. ***Nelkenpulver***
1 EL ***Kirschwasser*** *oder Rum*
1 Prise ***Salz***
250 g ***Weizenvollkornmehl***
200 g ***Mandeln,*** *fein gerieben*
1 EL ***Kakaopulver***
½ Pkg. ***Backpulver***

FÜLLUNG

400 g ***Zwetschgenmarmelade*** *(Konfitüre)*

WEITERES

20 g ***Butter*** *zum Ausstreichen der Form*
1 EL ***Mehl*** *zum Bestauben der Form*
Ei *zum Bestreichen*

Zubereitung

- Butter mit Honig schaumig rühren. Ei, Vanillezucker, Zitronenschale, Zimt, Nelkenpulver, Kirschwasser und Salz unterrühren.
- Weizenvollkornmehl, Mandeln, Kakaopulver und gesiebtes Backpulver mischen, dann unter die Buttermasse rühren.
- Kuchenform mit Butter ausstreichen und mit Mehl bestauben.
- Zwei Drittel des Teiges einfüllen und gleichmäßig verteilen.
- Mit Zwetschgenmarmelade dick bestreichen, dabei am Rand einen fingerbreiten Streifen freilassen.
- Den restlichen Teig in einen Spritzsack mit glatter Tülle füllen und als Gitter auf den Kuchen aufspritzen. Mit verquirltem Ei bestreichen.

Fertigstellung

- Im vorgeheizten Backofen bei etwa **180 Grad 50 Minuten** | **160 Grad 40 Minuten** backen.
- Auskühlen lassen, aus der Form lösen, portionieren und servieren.

Tipps

- Die Zutaten sollten alle Zimmertemperatur haben.
- Sie können auch Preiselbeer- oder Johannisbeermarmelade verwenden.
- Am besten schmeckt die Linzer-Schnitte am nächsten Tag.

Mittlere Nährwerte pro Portion

kcal 318 (kJ 1.331)
E 7 g **F** 20 g **KH** 28 g **BE** 2
CHOL 47 mg **BS** 4 g **FPE** 2
GI

HINWEIS → Schneiden Sie Kuchen immer in kleine Portionen. Mehrere kleine Stücke schauen nach mehr aus als ein großes.

Schwarzpolentatorte BUCHWEIZENTORTE

Für 1 Kuchenform (28 cm Ø), 12 Stück

ZUTATEN

- 200 g ***weiche Butter***
- 200 g ***Zucker***
- 6 ***Eigelb***
- 200 g ***Schwarzpolentamehl*** *(Buchweizenmehl)*
- 200 g ***Haselnüsse,*** *gerieben*
- 2 ***Äpfel,*** *grob gerieben*
- 1 Pkg. ***Backpulver***
- 1 Msp. ***Zitronenschale,*** *gerieben*
- 6 ***Eiweiß***

WEITERES

- 20 g ***weiche Butter*** *zum Ausstreichen der Form*
- 1 EL ***Mehl*** *zum Bestauben der Form*
- 1 EL ***Staubzucker*** *zum Bestreuen*

Zubereitung

- Butter mit 100 g Zucker schaumig rühren.
- Eigelb nach und nach unterrühren, Schwarzpolentamehl, Haselnüsse, Äpfel, Backpulver und Zitronenschale untermischen.
- Eiweiß mit dem restlichen Zucker steif schlagen und unter die Buttermasse heben.
- Kuchenform mit Butter ausstreichen und mit Mehl bestauben.
- Die Masse einfüllen und im vorgeheizten Backofen bei etwa **180 Grad 50 Minuten** | **160 Grad 40 Minuten** backen.
- Auskühlen lassen und mit Staubzucker bestreuen.

Tipp

- Die Schwarzpolentatorte können Sie in der Mitte durchschneiden und mit Preiselbeermarmelade (siehe Bild) füllen oder mit Preiselbeersahne servieren.

Mittlere Nährwerte pro Portion

kcal 313 (kJ 1.310)
E 6 g **F** 22 g **KH** 25 g **BE** 2
CHOL 118 mg **BS** 2 g **FPE** 2
GI

HINWEIS → Aufgrund des Fettgehaltes ist der Blutzuckeranstieg verzögert.

Sachertorte

Für 1 Torte (28 cm Ø), 16 Stück

ZUTATEN
- *100 g* ***Bitterschokolade*** *(Kuvertüre)*
- *200 g* ***weiche Butter***
- *190 g* ***Zucker***
- *70 g* ***Rohmarzipan,*** *in Würfel geschnitten*
- *30 ml* ***Rum***
- *1 Pkg.* ***Vanillezucker***
- *5* ***Eigelb***
- *5* ***Eiweiß***
- *1 Prise* ***Salz***
- *200 g* ***Mehl***
- *1 Pkg.* ***Backpulver***
- *40 g* ***Kakaopulver***

SCHOKOLADENGLASUR
- *100 g* ***zerlassene Butter***
- *120 g* ***geschmolzene Bitterschokolade***

WEITERES
- *250 g* ***Marillenmarmelade*** *(Aprikosenmarmelade)*
- *2 EL* ***Rum***
- *50 ml* ***Läuterzucker*** *(25 g Zucker und 25 ml Wasser aufkochen)*
- *2 EL* ***Butter*** *zum Ausstreichen der Form*
- *2 EL* ***Mehl*** *zum Bestauben*

Zubereitung

- Bitterschokolade grob zerkleinern, in eine Stahlschüssel geben und im Wasserbad (etwa **35 Grad**) schmelzen lassen.
- Butter mit 90 g Zucker, Rohmarzipan, Rum, Vanillezucker und Eigelb schaumig rühren. Anschließend die geschmolzene Kuvertüre einrühren.
- Eiweiß mit Salz und dem restlichen Zucker steif schlagen und unter die Buttermasse heben.
- Mehl mit Backpulver und Kakaopulver vermischen, sieben und ebenfalls unterheben.
- Eine Tortenform mit Butter ausstreichen und mit Mehl bestauben, die Masse einfüllen und im vorgeheizten Backofen bei etwa **180 Grad 1 Stunde** | **160 Grad 45 Minuten** backen.

Schokoladenglasur

- Zerlassene Butter mit geschmolzener Bitterschokolade verrühren.

Fertigstellung

- Den Sacherboden zwei- oder dreimal quer durchschneiden und die Böden mit Rum und Läuterzucker tränken.
- Böden mit Marillenmarmelade bestreichen und wieder zusammensetzen.
- Die Torte mit Marillenmarmelade bestreichen und auf einem Tortengitter mit Schokoladenglasur überziehen.

Mittlere Nährwerte pro Portion

kcal 406 (kJ 1.700)
E 6 g **F** 24 g **KH** 43 g **BE** 3,5
CHOL 119,5 mg **BS** 3 g **FPE** 2
GI

HINWEIS → Genießen Sie Süßes immer nur in kleinen Mengen als Abschluss einer Mahlzeit, damit vermeiden Sie einen hohen Blutzuckerspiegel.

Vollkorn-Apfelkuchen

Für 1 Kuchenform (26 cm Ø, 16 Stück) oder 1 Backblech

ZUTATEN

- 175 g ***weiche Butter***
- 130 g ***Honig***
- 1/2 Pkg. ***Vanillezucker***
- 1 Msp. ***Zitronenschale,*** *gerieben*
- 4 ***Eigelb***
- 1 Pkg. ***Backpulver***
- 180 g ***Weizenvollkornmehl***
- 40 g ***Haselnüsse*** *oder Mandeln, gerieben*
- 4 ***Eiweiß***
- 1 Prise ***Salz***
- 500 g ***Äpfel,*** *in dünne Spalten geschnitten*
- 2 EL ***Marillenmarmelade*** *(Aprikosenmarmelade) zum Bestreichen*

VANILLE-HONIG-CREME

- 80 ml ***geschlagene Sahne***
- 1 EL ***Honig***
- 1 Msp. ***Vanillemark***

WEITERES

- 20 g ***Butter*** *zum Ausstreichen der Form*
- 1 EL ***Mehl*** *zum Bestauben der Form*
- ***Staubzucker*** *zum Bestreuen*
- ***Apfelminze*** *zum Garnieren*

Zubereitung

- Butter schaumig rühren.
- Honig, Vanillezucker und Zitronenschale unterrühren.
- Eigelb nach und nach einrühren.
- Backpulver sieben und mit Weizenvollkornmehl und Haselnüssen vermischen.
- Eiweiß mit Salz steif schlagen.
- Die Butter-Eigelb-Masse mit der Eischneemasse vermischen und das Mehl-Nuss-Gemisch locker unterheben.
- Eine Kuchenform mit weicher Butter ausstreichen und mit Mehl bestauben. Den Teig einfüllen und glatt streichen.
- Apfelspalten darauflegen und andrücken. Im vorgeheizten Backofen bei etwa **190 Grad 40 Minuten** | **170 Grad 35 Minuten** backen.
- Den Kuchen aus dem Backofen nehmen und mit heißer Marillenmarmelade bestreichen.

Vanille-Honig-Creme

- Sahne, Honig und Vanillemark verrühren.

Fertigstellung

- Den Vollkorn-Apfelkuchen portionieren, mit Staubzucker bestreuen, Vanille-Honig-Creme dazugeben und mit Apfelminze garniert servieren.

Mittlere Nährwerte pro Portion

kcal 234 (kJ 980)
E 4 g **F** 15 g **KH** 23 g **BE** 2
CHOL 85 mg **BS** 2 g **FPE** 1,5
GI

HINWEIS → Der hohe Zuckergehalt des Honigs trägt zur Erhöhung des Blutzuckers bei. Essen Sie den Vollkorn-Apfelkuchen oder andere Desserts als Abschluss einer ballaststoffreichen Mahlzeit, damit wird der Blutzuckeranstieg verzögert.

Schoko-Eisroulade

Für 1 Roulade, 8 Stück

SCHOKOLADENBISKUIT
- 6 ***Eigelb***
- 120 g ***Zucker***
- 6 ***Eiweiß***
- 1 Prise ***Salz***
- 110 g ***Mehl***
- 20 g ***Speisestärke***
- 20 g ***Kakaopulver***
- 1 Pkg. ***Vanillezucker***
- 1 Msp. ***Zitronenschale,*** *fein gerieben*

JOGHURTEIS
- 250 g ***Naturjoghurt***
- 100 g ***Staubzucker***
- 2 EL ***Likör*** *(z. B. Rum, Grand Marnier)*
- 250 ml ***Sahne***

WEITERES
- ***Staubzucker*** *zum Bestreuen*

Schokoladenbiskuit

- Eigelb und 60 g Zucker mit dem Schneebesen oder Rührgerät schaumig rühren.
- Eiweiß mit Salz anschlagen und mit dem restlichen Zucker steif schlagen.
- Eigelb und Eischnee vermischen, dann Mehl, Speisestärke und Kakaopulver mischen, mit Vanillezucker und Zitronenschale rasch unterheben.
- Die Masse fingerdick und gleichmäßig auf ein mit Backpapier ausgelegtes Backblech auftragen und sofort im vorgeheizten Backofen bei etwa **220 Grad 8 Minuten** | **200 Grad 6 Minuten** backen.
- Ein Küchentuch mit Zucker bestreuen, das heiße Biskuit auf das Tuch stürzen, das Papier abziehen und den Rouladenboden auskühlen lassen.

Joghurteis

- Naturjoghurt, Staubzucker, Likör und Sahne vermischen und in der Eismaschine gefrieren lassen.

Fertigstellung

- Die ausgekühlte Roulade mit Joghurteis bestreichen, einrollen und in das Tiefkühlfach stellen. Die Roulade in Scheiben schneiden und mit Staubzucker garniert servieren.

Mittlere Nährwerte pro Portion

kcal 361 (kJ 1.512)
E 9,5 g **F** 17 g **KH** 44 g **BE** 3,5
CHOL 184 mg **BS** 1 g **FPE** 2
GI

HINWEIS → Essen Sie ein Dessert möglichst bald nach der Hauptmahlzeit, wenn das Mahlzeiten-Insulin noch wirkt. Im Anschluss an eine Mahlzeit ist der Blutzuckeranstieg geringer.

Dinkelvollkornschmarren

Für 4 Personen

ZUTATEN

- 60 g **Dinkelvollkornmehl**
- 60 g **Weizenvollkornmehl**
- 60 g **Haferflocken**
- 100 ml **Milch**
- 100 ml **Sahne**
- 6 **Eigelb**
- ½ Pkg. **Vanillezucker**
- 6 **Eiweiß**
- 1 Prise **Salz**
- 40 g **Zucker**
- **Öl** zum Backen
- 1 TL **Staubzucker** zum Karamellisieren
- 1 EL **Butter** zum Schwenken

WEITERES

- **Staubzucker** zum Bestreuen
- 100 g **Erdbeeren** zum Garnieren

Zubereitung

- Dinkelvollkornmehl, Weizenvollkornmehl, Haferflocken, Milch, Sahne, Eigelb und Vanillezucker zu einem glatten Teig verrühren.
- Eiweiß mit Salz anschlagen und mit Zucker steif schlagen, unter den Teig heben.
- In einer großen Pfanne etwas Öl erhitzen, den Schmarrenteig hineingießen und die Unterseite goldgelb backen, umdrehen und die andere Seite ebenfalls goldgelb backen.
- Schmarren im vorgeheizten Backofen bei etwa **190 Grad 8 Minuten** | **170 Grad 6 Minuten** fertig backen.
- Den Schmarren mit zwei Gabeln in Stücke reißen. Mit Staubzucker bestreuen, Butter darübergeben und noch einmal kurz auf dem Herd schwenken, sodass der Zucker karamellisiert.

Fertigstellung

- Auf heißen Tellern anrichten, mit Staubzucker bestreuen und mit halbierten Erdbeeren garniert servieren.

Mittlere Nährwerte pro Portion

kcal 480 (kJ 2.010)
E 18 g **F** 25 g **KH** 48 g **BE** 4
CHOL 364 mg **BS** 4 g **FPE** 3
GI

HINWEIS → Aufgrund des hohen Fett- und Eiweißgehaltes wird der Blutzuckeranstieg verzögert.

→ Dieses Dessert ist sehr kalorienreich. Sie sollten es daher nur selten oder als Hauptgericht essen.

Holunderblütengelee mit Marille

Für 4 Personen

LÄUTERZUCKER
- *100 g* ***Fruchtzucker***
- *100 ml* ***Wasser***

HOLUNDERBLÜTENGELEE
- *3 Blatt* ***Gelatine***
- *30 ml* ***Holundersirup***
- *375 ml* ***Champagner*** *oder Sekt*

WEITERES
- *300 g* ***Marillen,*** *in kleine Stücke geschnitten*
- *200 g* ***Apfelperlen***
- *20* ***Sauerkleeblätter***
- *2* ***Holunderblüten*** *zum Garnieren*

Läuterzucker

- Fruchtzucker und Wasser aufkochen, bis sich der Fruchtzucker aufgelöst hat.

Holunderblütengelee

- Gelatine in reichlich kaltem Wasser etwa **20 Minuten** einweichen.
- Läuterzucker und Holundersirup aufkochen lassen.
- Die eingeweichte Gelatine gut ausdrücken und darin auflösen.
- Champagner dazugeben, vermischen und im Kühlschrank etwa **1 Stunde** gelieren lassen.

Fertigstellung

- Holunderblütengelee in Glasschalen oder tiefe Teller füllen und mit Marillen und Apfelperlen belegen. Mit Sauerklee und Holunderblüten garniert servieren.

Tipps

- Sie können anstelle des Holundersirups auch Minze- oder Melissensirup verwenden.
- Anstelle des Champagners können Sie Weißwein verwenden.
- Sie können dazu auch Vanilleeis servieren.

Mittlere Nährwerte pro Portion

kcal 243 (kJ 996)
E 2 g **F** 0 g **KH** 43 g **BE** 3,5
CHOL 0 mg **BS** 2 g **FPE** 0
GI

HINWEIS → Dieses Rezept enthält Alkohol; Typ-1-Diabetiker sollten dies bei der Berechnung der Insulinmenge berücksichtigen.

→ Für eine alkoholfreie Variante kann der Champagner durch kohlensäurehaltiges Mineralwasser ersetzt werden.

Erdbeersüppchen mit gerösteten Mandeln

Für 4 Personen

ZUTATEN

40 g ***Zucker***
60 ml ***Wasser***
400 g ***vollreife Erdbeeren***
2 EL ***Weißwein***
2 EL ***Erdbeerlikör***
1 Spritzer ***Zitronensaft***

WEITERES

1 EL ***Zitronenmelisse,*** *in feine Streifen geschnitten*
4 ***Zitronenmelisseherzen*** *zum Garnieren*
30 g ***geröstete Mandelblättchen***

Zubereitung

- Zucker und Wasser aufkochen und auskühlen lassen (Läuterzucker).
- Erdbeeren kurz waschen, Kelchblätter entfernen, kleine Erdbeeren ganz lassen, größere Erdbeeren halbieren oder vierteln.
- Mit Weißwein, Erdbeerlikör und Zitronensaft marinieren und mit Läuterzucker auffüllen.
- In Gläsern, Schalen oder tiefen Tellern anrichten und mit Zitronenmelisse und Mandelblättchen garniert servieren.

Tipps

- Rösten Sie die Mandelblättchen im Backofen bei etwa **150 Grad 10 Minuten** hellbraun, dadurch bekommen sie ein intensiveres Aroma.
- Sie können das Erdbeersüppchen auch mit etwas Sekt auffüllen.
- Statt Erdbeerlikör können Sie Kirschlikör oder Maraschino verwenden.
- Wenn Kinder mitessen, bereiten Sie das Erdbeersüppchen ohne Alkohol zu.

Mittlere Nährwerte pro Portion

kcal 129 (kJ 540)
E 3 g **F** 5 g **KH** 16 g **BE** 1,5
CHOL 0 mg **BS** 3 g **FPE** 0
GI

HINWEIS → Eventuell kann der Zucker durch Süßstoff ersetzt werden.

Tiramisù light

Für 6 Personen

ZUTATEN

1 ***Eigelb***
1 ***Ei***
70 g ***Zucker***
250 g ***Skyr*** *oder magerer griechischer Joghurt*
60 ml ***geschlagene Sahne***
12 ***Löffelbiskuits*** *(s. S. 163) oder Savoiardi*
4 ***Espressi*** *oder 150 ml starker Kaffee*

WEITERES

1 EL ***Kakaopulver*** *zum Bestreuen*

Zubereitung

- Eigelb und Ei mit Zucker über dem Wasserbad (auf **82 Grad)** schaumig schlagen, dann kalt schlagen.
- Skyr mit dem Schneebesen aufschlagen und unter die Eiermasse rühren.
- Geschlagene Sahne unterheben.
- Die Hälfte der Löffelbiskuits mit der Zuckerseite ganz kurz in Kaffee tauchen und in eine Form legen.
- Etwas Creme daraufgeben. Die restlichen Löffelbiskuits ebenfalls kurz in Kaffee tauchen und darauflegen, mit der übrigen Creme bedecken.
- Im Kühlschrank ruhen lassen und vor dem Servieren mit Kakaopulver bestreuen.

Mittlere Nährwerte pro Portion

kcal 222 (kJ 929)
E 9 g **F** 9 g **KH** 29 g **BE** 2,5
CHOL 160 mg **BS** 1 g **FPE** 1
GI

HINWEIS → Der Skyr macht dieses Tiramisù sehr saftig. Sie sollten daher die Löffelbiskuits nur sparsam mit Kaffee tränken.

Braune Schokoladenmousse

Für 4 Personen

ZUTATEN
120 g ***Bitterschokolade*** *(Kuvertüre)*
2 ***Eigelb***
20 g ***Staubzucker***
1 EL ***Likör*** *(z. B. Crème de Cacao)*
200 ml ***geschlagene Sahne***

Zubereitung

- Bitterschokolade grob hacken, in eine Stahlschüssel geben und im Wasserbad (etwa **35 Grad)** schmelzen lassen.
- Eigelb mit Staubzucker und Likör über dem heißen Wasserbad warm aufschlagen, anschließend mit dem Schneebesen oder der Küchenmaschine kalt schlagen.
- Geschmolzene Kuvertüre mit der Eimasse verrühren und sofort geschlagene Sahne unterheben.
- In eine flache Form füllen, mit Klarsichtfolie zudecken und im Kühlschrank einige Stunden fest werden lassen.

Tipps

- Statt des rohen Eigelbs können Sie auch pasteurisiertes Eigelb (40 g) verwenden.
- Zum Anrichten einen Esslöffel oder Eisportionierer in heißes Wasser tauchen und die Mousse in Nocken- oder Halbkugelform ausstechen.
- Garnieren Sie die Schokoladenmousse mit Früchten der Saison (Beeren, Kirschen, Trauben, Bananen, Kiwi usw.).

Mittlere Nährwerte pro Portion

kcal 398 (kJ 1.666)
E 6 g **F** 32 g **KH** 22 g **BE** 1
CHOL 222 mg **BS** 2 g **FPE** 3
GI

HINWEIS → Aufgrund des Fettgehaltes verzögert sich der Blutzuckeranstieg.

→ Das Dessert enthält sehr viele Kalorien.

Früchtebrötchen

Für etwa 8 kleine Brote (etwa 1 kg Teig)

TEIG

- 30 g **Hefe**
- 320 ml **lauwarmes Wasser**
- 450 g **Weizenvollkornmehl**
- 1 EL **Olivenöl**
- 100 g **getrocknete Feigen,** *in Würfel geschnitten*
- 50 g **Sultaninen**
- 50 g **getrocknete Marillen,** *in Würfel geschnitten*
- 50 g **Datteln,** *in Würfel geschnitten*
- 60 g **Haselnüsse,** *grob gehackt*
- 60 g **Walnüsse,** *grob gehackt*
- 10 g **Salz**

WEITERES

Milch *zum Bestreichen*

Teig

- Hefe zerbröseln und im Wasser auflösen.
- Weizenvollkornmehl, Olivenöl, Feigen, Sultaninen, Marillen, Datteln, Haselnüsse, Walnüsse und Salz zur aufgelösten Hefe geben und alles zu einem geschmeidigen Teig verkneten.
- Den Teig in einer Schüssel mit einem Tuch zugedeckt etwa **1 Stunde** bei maximal **35 Grad** gehen lassen.

Fertigstellung

- Den Teig teilen, zwei Stränge formen und in jeweils vier Stücke teilen. Zu kleinen Kugeln formen bzw. rundwirken und auf ein Backblech setzen.
- Die Brote nochmals etwa **15 Minuten** gehen lassen.
- Anschließend mit Milch bestreichen und bei etwa **200 Grad 25 Minuten** | **180 Grad 20 Minuten** backen.

Tipps

- Sie können auch getrocknete und in Würfel geschnittene Äpfel oder Palabirnen (aromatische, besonders süße Birnensorte aus dem Vinschgau) verwenden.

Mittlere Nährwerte pro Portion

kcal 380 (kJ 1.591)
E 11 g **F** 13 g **KH** 57 g **BE** 4,5
CHOL 0 mg **BS** 10 g **FPE** 1,5
GI

HINWEIS → Die Brötchen enthalten dank der Trockenfrüchte viele Mineralstoffe. Essen Sie die Früchtebrötchen vor dem Sport, sie sind ein guter Energielieferant.

→ Das Vollkornmehl verzögert die Blutzuckeraufnahme.

Vollkorn-Spitzbuben

Für etwa 40 Stück

ZUTATEN

- *150 g* ***weiche Butter***
- *2* ***Eigelb***
- *125 g* ***Zucker***
- *½ Pkg.* ***Vanillezucker*** *oder 1 Msp. Vanillemark*
- *½ Msp.* ***Zitronenschale,*** *gerieben*
- *1 Prise* ***Salz***
- *260 g* ***Dinkelvollkornmehl,*** *fein*
- *50 g* ***Cashewnüsse*** *oder Walnüsse, gerieben*
- *1 Msp.* ***Backpulver***

WEITERES

- ***Marillenmarmelade*** *(Aprikosenmarmelade) zum Füllen*
- ***Staubzucker*** *zum Bestreuen*

Zubereitung

- Butter, Eigelb, Zucker, Vanillezucker, Zitronenschale und Salz verrühren.
- Dinkelvollkornmehl und geriebene Cashewnüsse mit dem gesiebten Backpulver vermischen. Zur Butter-Eigelb-Masse geben und alles zu einem Teig verkneten.
- Den Teig zugedeckt im Kühlschrank etwa **30 Minuten** ruhen lassen.
- Den Teig teilen, ausrollen und aus der einen Hälfte Ringe, aus der anderen runde Kekse ausstechen.
- Auf ein mit Backpapier ausgelegtes Backblech legen und bei etwa **190 Grad 10 Minuten** | **180 Grad 8 Minuten** backen.

Fertigstellung

- Kekse auskühlen lassen. Die runden Kekse mit Marillenmarmelade bestreichen.
- Die Ringe mit Staubzucker bestreuen und auf die runden Kekse setzen.

Tipps

- Statt Marillenmarmelade können Sie auch Erdbeer- oder Himbeermarmelade verwenden.
- Sie können die Ringe auch vor dem Backen mit grob gehackten Haselnüssen bestreuen.

Mittlere Nährwerte pro Portion

kcal 78 (kJ 327)
E 1 g **F** 5 g **KH** 8 g **BE** 0,5
CHOL 23mg **BS** 1 g **FPE** 0,5
GI

HINWEIS → Das Vollkornmehl und der hohe Fettgehalt verringern den glykämischen Index.

FRÜHSTÜCK

Der beste Start für den Tag

Bircher-Müsli mit Beeren

Für 4 Personen

ZUTATEN

- 140 ml ***Milch***
- 1 EL ***Waldhonig***
- 40 g ***Zucker***
- 1 TL ***Zitronensaft***
- 150 g ***Haferflocken***
- 120 g ***Naturjoghurt***
- 30 g ***Haselnüsse,*** *grob gehackt*
- 300 g ***Äpfel***

WEITERES

- 300 g ***Beeren*** *(Erdbeeren, Brombeeren, Johannisbeeren, Heidelbeeren und Himbeeren)*

Zubereitung

- Milch, Waldhonig, Zucker und Zitronensaft mit dem Schneebesen verrühren.
- Haferflocken, Naturjoghurt und Haselnüsse dazugeben und etwa **15 Minuten** quellen lassen.
- Äpfel schälen, grob raspeln und untermischen.

Fertigstellung

- Das Bircher-Müsli in tiefen Tellern anrichten, mit Beeren garnieren und servieren.

Tipps

- Sie können auch Birnen, Bananen, Kiwis usw. dazugeben.
- Statt Waldhonig können Sie auch Ahornsirup verwenden.

Mittlere Nährwerte pro Portion

kcal 319 (kJ 1.336)
E 8 g **F** 11 g **KH** 50 g **BE** 4
CHOL 7 mg **BS** 9 g **FPE** 1
GI

HINWEIS → Wenn Sie auf Honig und Zucker verzichten, verringert sich der glykämische Index.

Dinkel-Apfel-Müsli

4 Portionen

ZUTATEN
- 200 g ***Dinkelvollkornflocken***
- 4 TL ***Sesam***
- 400 g ***Äpfel***
- 500 g ***Naturjoghurt***
- 1 ***Apfel,*** *in Scheiben geschnitten, zum Garnieren*
- ***Minzeblätter*** *zum Garnieren*

Zubereitung

- Dinkelvollkornflocken und Sesam in einer Pfanne ohne Fett etwa 5 Minuten unter häufigem Rühren rösten.
- Äpfel schälen, vierteln, Kerngehäuse entfernen und Fruchtfleisch würfeln oder grob raspeln.
- Die Flocken mit etwas heißem Wasser angießen und etwa **5 Minuten** quellen lassen.
- Äpfel und Naturjoghurt untermischen und in vier Schüsselchen anrichten.
- Mit Apfelscheiben und Minze garniert servieren.

Tipp

- Sie können zum Schluss auch 1 Esslöffel Honig über das Dinkel-Apfel-Müsli geben.

Mittlere Nährwerte pro Portion

kcal 312 (kJ 1.306)
E 13 g **F** 8 g **KH** 48 g **BE** 4
CHOL 14 mg **BS** 8 g **FPE** 1
GI

HINWEIS → Vollkornflocken sind ballaststoffreich und sättigen lang anhaltend. Der Blutzucker steigt langsam an und sinkt nicht so schnell wieder ab.

Quinoa-Müsli

Für 4 Portionen

ZUTATEN

- *120 g* ***Quinoa***
- *600 ml* ***Milch***
- *½ TL* ***Zimt***
- *½ TL* ***Vanillemark***
- *400 g* ***Schwarzbeeren*** *(Heidelbeeren) oder Himbeeren*
- *80 g* ***Mandelblättchen,*** *geröstet*
- ***Zitronenverbene*** *zum Garnieren*

Zubereitung

- Quinoa nach Packungsanweisung kochen.
- Milch mit Zimt und Vanillemark verrühren.
- Quinoa auf vier Schüsselchen verteilen.
- Mit der Vanille-Zimt-Milch übergießen.
- Schwarzbeeren und Mandelblättchen darüberstreuen, mit Zitronenverbene garnieren und servieren.

Mittlere Nährwerte pro Portion

kcal 361 (kJ 1.511)
E 15 g **F** 19 g **KH** 34 g **BE** 3
CHOL 17 mg **BS** 12 g **FPE** 2
GI

HINWEIS → Nehmen Sie sich Zeit für das Frühstück und starten Sie mit einer ausgewogenen Mahlzeit in den Tag. Auf diese Weise sind Sie tagsüber leistungsfähig.

GLUTENFREI

Haferflocken-Müsli mit Chia-Samen

4 Personen

ZUTATEN

- *160 g* ***körnige Haferflocken***
- *600 ml* ***Sojadrink,*** *Mandeldrink oder Reisdrink*
- *4 EL* ***Chia-Samen***
- *4 EL* ***Kokosraspeln***
- *½ TL* ***Zimt***
- *400 g* ***Trauben,*** *halbiert*
- ***Melisseblätter*** *zum Garnieren*
- ***Kokosraspeln*** *zum Garnieren*

Zubereitung

- Haferflocken mit Sojadrink und Chia-Samen vermischen.
- Kokosraspeln und Zimt zufügen und über Nacht im Kühlschrank quellen lassen.
- Mischung erwärmen und auf vier Schüsselchen verteilen.
- Mit Trauben, Melisseblättern und Kokosraspeln garniert servieren.

Mittlere Nährwerte pro Portion

kcal 355 (kJ 1.486)
E 12 g **F** 15 g **KH** 47 g **BE** 4
CHOL 0 mg **BS** 10 g **FPE** 2
GI

HINWEIS →Zimt hat eine positive Wirkung auf den Blutzuckerspiegel.

→Statt Chia-Samen können Sie auch Leinsamen verwenden.

VEGAN

Avocado-Gurken-Smoothie

Für 4 Portionen

ZUTATEN

2 ***reife Avocados***
2 ***mittelgroße Salatgurken***
100 ml ***Zitronensaft,*** *frisch gepresst*
500 ml ***ungesüßter Mandeldrink*** *oder Buttermilch*
Fenchelgrün *zum Garnieren*

Zubereitung

- Avocado halbieren, Kern entfernen, Fruchtfleisch mit einem Löffel herausnehmen und in einen Mixbecher geben.
- Salatgurken schälen, in Stücke schneiden und zusammen mit Zitronensaft und Mandeldrink dazugeben.
- Alles fein pürieren.
- Den Smoothie auf vier Gläser verteilen und mit Fenchelgrün garniert servieren.

Mittlere Nährwerte pro Portion

kcal 230 (kJ 963)
E 5 g **F** 21 g **KH** 7 g **BE** 0,5
CHOL 0 mg **BS** 4 g **FPE** 2
GI

HINWEIS → Smoothies müssen, auch wenn sie nur Gemüse enthalten, immer berechnet werden, da sie den Blutzuckerspiegel schnell ansteigen lassen. Außerdem sollten sie immer langsam, Schluck für Schluck getrunken werden.

→ Der glykämische Index verändert sich durch das Pürieren.

VEGAN

Vanillewaffeln

Für etwa 35 Stück

ZUTATEN

- ½ ***Vanilleschote*** *oder 1 Pkg. Vanillezucker*
- *100 g* ***weiche Butter***
- *1 Msp.* ***Zitronenschale,*** *gerieben*
- *1 Prise* ***Salz***
- *3* ***Eigelb***
- *3* ***Eiweiß***
- *120 g* ***Zucker***
- *160 g* ***Mehl***
- *½ Pkg.* ***Backpulver***
- *3 EL* ***lauwarme Milch***
- *1 TL* ***Rum***

WEITERES

- *50 ml* ***Öl*** *zum Backen*
- *1 EL* ***Staubzucker*** *zum Bestreuen*

Zubereitung

- Vanilleschote der Länge nach aufschlitzen und mit einem Messer das Vanillemark herauskratzen.
- Butter mit Vanillemark, Zitronenschale und Salz in einer Schüssel schaumig rühren.
- Eigelb nach und nach unterrühren.
- Eiweiß mit Zucker steif schlagen.
- Mehl und Backpulver sieben und mit Milch, Rum und Eischnee unter die Butter-Eigelb-Masse heben.
- Das Waffeleisen vorheizen und mit etwas Öl bestreichen.
- Etwas Teig in die Mitte des Waffeleisens geben, leicht verstreichen, das Waffeleisen schließen und die Waffeln etwa **2 Minuten** goldbraun backen.
- Mit Staubzucker bestreuen und servieren.

Tipps

- Legen Sie die Waffeln zum Auskühlen nicht übereinander, sie werden sonst weich.
- Die Waffeln schmecken frisch gebacken am besten.
- Sie können die Waffeln mit Zimtsahne, Vanilleeis oder frischen Beeren servieren.

Mittlere Nährwerte pro Stück

kcal 72 (kj 300)

E 1 g **F** 4 g **KH** 7 g **BE** 0,5
CHOL 26 mg **BS** 0 g **FPE** 0
GI

HINWEIS → Servieren Sie dieses Dessert mit frischem, saisonalen Obst. Auf diese Weise enthält es auch Vitamine und Mineralstoffe.

Fleischsuppe BOUILLON

Für etwa 2 Liter

ZUTATEN

- 500 g **Rindsknochen,** *vom Metzger klein geschnitten*
- 3 l **kaltes Wasser**
- 300 g **mageres Rindfleisch** *(Suppenfleisch) von Brust oder Wade*
- 1 **Zwiebel**
- 1 **Karotte**
- 50 g **Stangensellerie**
- 30 g **Lauch** *(1 kleine Stange)*
- ½ **Tomate**
- 1 **Petersilienstängel**
- ½ **Lorbeerblatt**
- 1 **Knoblauchzehe**
- 4 **Pfefferkörner,** *zerdrückt*
- **Salz**

Zubereitung

- Rindsknochen **10 Minuten** in Wasser kochen lassen, abgießen und mit dem kalten Wasser langsam zum Kochen bringen. Dabei immer wieder den Schaum und das Fett abschöpfen.
- Rindfleisch dazugeben.
- Zwiebel mit der Schale halbieren und mit der Schnittfläche nach unten in einer Pfanne bräunen. Nach etwa **1 Stunde** Kochzeit Zwiebel, Karotte, Stangensellerie, Lauch, Tomate, Petersilienstängel, Lorbeerblatt, Knoblauchzehe und Pfefferkörner dazugeben. Noch einmal **1 Stunde** auf kleiner Flamme kochen lassen, bis das Fleisch weich ist.
- Fleisch herausnehmen und bis zur Weiterverwendung in kaltes Wasser legen.
- Die Suppe durch ein Tuch seihen, entfetten und mit Salz würzen.

Tipp

- Das gekochte Fleisch kann für Suppeneinlagen, Salate, Sülzen oder Bauerngröstel verwendet werden.

Mittlere Nährwerte pro 250 ml

kcal 17 (kJ 71)
E 1 g **F** 1 g **KH** 1 g **BE** 0
CHOL 0 mg **BS** 0 g **FPE** 0
GI

Kalbsbrühe

Für etwa 2 Liter

ZUTATEN

- 2 kg **Kalbsknochen** und **Kalbsabschnitte** *(klein gehackt)*
- 4 l **kaltes Wasser**
- 50 g **Stangensellerie**
- 50 g **Knollensellerie**
- 100 g **Lauch**
- 5 **Petersilienstängel**
- 1 **Thymianzweig**
- 1 **Lorbeerblatt**
- 150 g **Zwiebeln**
- 5 **weiße Pfefferkörner,** *zerdrückt*
- 1 **Knoblauchzehe**

Zubereitung

- Kalbsknochen und Kalbsabschnitte knapp mit Wasser bedecken und zum Kochen bringen.
- Etwa **5 Minuten** aufkochen lassen, anschließend abgießen und abschrecken.
- Knochen mit dem kalten Wasser zum Kochen bringen und bei schwacher Hitze etwa **1 Stunde** leicht kochen lassen. Schaum und Fett immer wieder abschöpfen.
- Stangensellerie, Knollensellerie und Lauch putzen, waschen und mit Petersilienstängeln, Thymianzweig und Lorbeerblatt zu einem Bündel binden.
- Zwiebeln mit Schale halbieren und mit Gemüse, Pfefferkörnern und Knoblauchzehe zur Brühe geben. **1 weitere Stunde** kochen lassen.
- Die Kalbsbrühe durch ein feines Sieb seihen und weiterverwenden.

Tipps

- Kaufen Sie beim Metzger Knochen vom Kalbskarree, Kalbsschwanz oder Kalbsfuß.
- Die Kalbsbrühe eignet sich für helle Saucen und Suppen.

Mittlere Nährwerte pro 250 ml

kcal 17 (kJ 71)
E 1 g **F** 1 g **KH** 1 g **BE** 0
CHOL 0 mg **BS** 0 g **FPE** 0
GI

Gemüsebrühe

Für etwa 1 Liter

ZUTATEN

- *1 kg* ***Lauch, Stangensellerie, Knollensellerie, Fenchel*** *und weiteres Gemüse der Jahreszeit*
- *50 g* ***Zwiebeln***
- *1 EL* ***Butter*** *zum Dünsten*
- *1* ***Tomate***
- *2 l* ***kaltes Wasser***
- *1* ***Lorbeerblatt***
- *1* ***Knoblauchzehe***
- ***Salz***

Zubereitung

- Das Gemüse putzen, waschen und klein schneiden.
- Zwiebeln schälen und in Würfel schneiden.
- Butter in einem hohen Topf schmelzen lassen, Zwiebelwürfel und Lauch zugeben und dünsten. Das restliche Gemüse und die Tomate dazugeben und mitdünsten.
- Mit kaltem Wasser aufgießen, Lorbeerblatt, Knoblauch und Salz hinzufügen und etwa **30 Minuten** sieden lassen.
- Gemüsebrühe abseihen und weiterverwenden.

Tipps

- Diese Brühe eignet sich zum Aufgießen von Suppen, Saucen und gedünstetem Gemüse sowie zur Herstellung von klaren Gemüsesuppen.
- Sie können auch Gemüsereste verwenden.

Mittlere Nährwerte pro 250 ml

kcal 22 (kJ 92)
E 0 g **F** 2 g **KH** 2 g **BE** 0
CHOL 6 mg **BS** 0 g **FPE** 0
GI

Fischsud COURT BOUILLON

Für etwa 1 ½ Liter

ZUTATEN

- *50 g* ***Zwiebeln***
- *50 g* ***Karotten***
- *50 g* ***Stangensellerie*** *oder Knollensellerie*
- *50 g* ***Lauch***
- *2* ***Petersilienstängel***
- *2 l* ***Wasser***
- ***Salz***
- *5* ***Pfefferkörner,*** *zerdrückt*
- *1* ***Lorbeerblatt***
- *2 EL* ***Weißweinessig***
- *30 ml* ***Weißwein***

Zubereitung

- Zwiebeln schälen und in mittlere Würfel schneiden.
- Karotten, Stangensellerie, Lauch und Petersilienstängel putzen und waschen.
- Wasser aufkochen, Zwiebeln, Gemüse, Salz, Pfefferkörner, Lorbeerblatt, Weißweinessig und Weißwein zugeben.
- **10 Minuten** kochen lassen, eventuell abseihen.

Tipp

- Sie können den Fischsud zum Garziehen von Forellen, Saiblingen, Lachsforellen, Felchen, Karpfen usw. verwenden.

Mittlere Nährwerte pro 250 ml

kcal 8 (kJ 33)
E 1 g **F** 0 g **KH** 0 g **BE** 0
CHOL 0 mg **BS** 0 g **FPE** 0
GI

Tomatensauce

Für etwa 400 ml

ZUTATEN

- 50 g **Zwiebeln**
- 500 g **frische Tomaten** (z. B. San Marzano) oder Tomaten aus der Dose
- 2 EL **Olivenöl** zum Dünsten
- **Salz**
- **Pfeffer** aus der Mühle
- 1 **Knoblauchzehe,** fein gehackt
- 2 EL **Butter**
- 4 **Basilikumblätter,** fein geschnitten

Zubereitung

- Zwiebeln schälen und in feine Würfel schneiden.
- Tomaten waschen, schälen und in Stücke schneiden.
- Olivenöl leicht erhitzen, Zwiebel- und Knoblauchwürfel darin dünsten.
- Tomaten dazugeben, mit Salz und Pfeffer würzen und etwa **30 Minuten** köcheln lassen.
- Die Tomatensauce mit der Handpassiermaschine (Flotte Lotte) fein passieren und mit Butter und Basilikum abschmecken.

Tipps

- Sind die Tomaten zu säuerlich, geben Sie etwas Zucker in die Sauce.
- Wenn Sie keine San-Marzano-Tomaten bekommen, können Sie auch gut gereifte Fleischtomaten verwenden.
- Tomatensauce einwecken: Sollten Sie die Tomatensauce auf Vorrat herstellen, füllen Sie die passierte, kochend heiße Sauce ohne Butter und Basilikum in Flaschen ab und verschließen Sie sie luftdicht.

Mittlere Nährwerte pro 100 ml

kcal 110 (kJ 460)
E 1 g **F** 9 g **KH** 5 g **BE** 0
CHOL 12 mg **BS** 3 g **FPE** 0
GI

Salsa verde

Für etwa 250 ml

ZUTATEN

- 4 EL **Petersilie,** fein geschnitten
- 2 EL **Essiggurken,** fein geschnitten
- 1 EL **Zwiebeln,** fein geschnitten
- 1 **Knoblauchzehe,** fein gehackt
- 1 TL **Kapern,** fein geschnitten
- ½ TL **Sardellen,** fein geschnitten
- 1 TL **Senf**
- 1 EL **Weißweinessig**
- 50 ml **Sonnenblumenöl**
- 50 ml **Olivenöl**
- **Salz**
- **Pfeffer** aus der Mühle

Zubereitung

- Petersilie, Essiggurken, Zwiebeln, Knoblauch, Kapern, Sardellen und Senf mit Weißweinessig verrühren. Sonnenblumen- und Olivenöl langsam einrühren und mit Salz und Pfeffer würzen.

Tipps

- Servieren Sie diese Sauce zu gekochtem Rindfleisch (bollito misto) oder gekochter Kalbszunge.
- Sie können die Zutaten auch mit der Moulinette zerkleinern oder bei größeren Mengen den Fleischwolf verwenden.

Mittlere Nährwerte pro 100 ml

kcal 374 (kj 1.565)
E 1 g | **F** 40 g | **KH** 1 g | **BE** 0 g
CHOL 2 g | **BS** 1 g | **FPE** 4 g
GI

Béchamelsauce

Für etwa 500 ml

ZUTATEN

- *500 ml* ***Milch***
- ***Salz***
- *1 Msp.* ***Muskat,*** *gerieben*
- *30 g* ***Butter***
- *30 g* ***Mehl***
- *1* ***kleines Lorbeerblatt***

Zubereitung

- Milch mit Salz und Muskat würzen und erhitzen.
- In einem Topf Butter schmelzen lassen, Mehl mit dem Schneebesen einrühren. Den Topf von der Kochstelle nehmen und etwas abkühlen lassen.
- Heiße Milch unter ständigem Rühren mit einem Schneebesen in das Mehl einrühren.
- Wenn die Sauce schön glatt ist und eine sämige Konsistenz hat, Lorbeerblatt hinzufügen und bei schwacher Hitze etwa **7 Minuten** kochen lassen. Die Sauce verliert während der Kochzeit auch ihren Mehlgeschmack.
- Eventuell durch ein Sieb passieren und weiterverwenden.

Tipps

- Die Béchamelsauce brennt beim Kochen leicht an, rühren Sie daher besonders sorgfältig.
- Zum Überziehen von Speisen, die überbacken werden, halten Sie die Sauce etwas dicker. Die gewünschte Konsistenz reguliert man durch Erhöhen oder Reduzieren der Mehl- bzw. Milchmenge.
- Wenn Sie die Béchamelsauce nicht sofort verwenden, sollten Sie sie zudecken, damit sich keine Haut bildet.

Mittlere Nährwerte pro 100 ml

kcal 129 (kJ 540)
E 4 g **F** 8 g **KH** 10 g **BE** 1
CHOL 23 mg **BS** 0 g **FPE** 0
GI ■■■■■■■■■■■

HINWEIS → Für eine kalorien- und fettarme Béchamelsauce lassen Sie die Butter weg.

Weizenvollkornnudelteig

Für etwa 300 g

ZUTATEN

- *200 g* ***Weizenvollkornmehl*** *oder Dinkelvollkornmehl*
- *2* ***mittelgroße Eier*** *(53–63 g)*
- *1 TL* ***Olivenöl***
- ***Salz***

Zubereitung

- Mehl mit Eiern, Olivenöl und Salz vermischen und auf einer Arbeitsfläche zu einem geschmeidigen, aber doch relativ festen Teig verkneten.
- Den Teig in Klarsichtfolie wickeln und etwa **30 Minuten** ruhen lassen.

Tipps

- Verwenden Sie sehr fein gemahlenes Mehl.
- Am besten gelingt der Nudelteig mit frisch gemahlenem Mehl.
- Verwenden Sie statt Vollkornmehl feines Schwarzpolentamehl (Buchweizenmehl).

Mittlere Nährwerte pro 75 g

kcal 209 (kJ 874)
E 10 g **F** 5 g **KH** 34 g **BE** 3
CHOL 111 mg **BS** 4 g **FPE** 0
GI ■■■■■■■■■■■

Mayonnaise

Für etwa 300 ml

ZUTATEN

- *2* **Eigelb** *oder 40 g pasteurisiertes Eigelb*
- *½ TL* **Senf**
- *1 EL* **Wasser**
- *250 ml* **Sonnenblumenöl**
- *1 Spritzer* **Weißweinessig**
- *1 TL* **Zitronensaft**
- **Salz**

Zubereitung

- Eigelb, Senf und Wasser in einer Rührschüssel mit dem Schneebesen oder Handrührgerät gut verrühren.
- Sonnenblumenöl fadenweise unter die Eigelbmasse rühren, bis eine Emulsion entsteht.
- Die Mayonnaise mit Weißweinessig, Zitronensaft und Salz abschmecken.

Tipps

- Verwenden Sie für die Herstellung von Mayonnaise immer fettfreie Arbeitsgeräte.
- Alle Zutaten müssen Zimmertemperatur haben.
- Je besser Sie das Eigelb mit Senf und Wasser schaumig rühren, desto leichter gelingt die Mayonnaise.
- Das Öl wird zunächst tropfenweise untergerührt. Später, wenn schon ein gewisser Stand vorhanden ist, kann man dann größere Mengen zugeben.
- Geronnene Mayonnaise: Wenn Eigelb und Öl zu kalt waren, verbinden sie sich nicht. Sie können die geronnene Masse und das Öl temperieren und anschließend tröpfchenweise unter ein frisches Eigelb rühren. Auf diese Weise entsteht wieder eine Emulsion.
- Mayonnaise kann man für Gemüse-, Geflügel- oder Fleischsalate verwenden. Sie ist Basis vieler kalter Saucen wie Cocktail-, Remouladen- und Tatarsauce oder Dressings.
- Sollte die Mayonnaise zu dick sein, kann man sie mit Wasser oder Fleischsuppe verdünnen.

Mittlere Nährwerte pro 100 ml

kcal 816 (kJ 3.416)
E 3 g **F** 89 g **KH** 0 g **BE** 0
CHOL 267 mg **BS** 0 g **FPE** 8
GI

Kartoffelrösti

Für 4 Personen

ZUTATEN

- *20 g* **Zwiebeln,** *fein geschnitten*
- *2 EL* **Butter** *zum Dünsten*
- *200 g* **mehlige Kartoffeln,** *grob gerieben*
- **Salz**
- **Pfeffer** *aus der Mühle*
- **Öl** *zum Braten*

Zubereitung

- Zwiebeln in Butter dünsten.
- Die frisch geriebenen Kartoffeln etwas ausdrücken, mit Zwiebeln mischen, salzen und pfeffern.
- In einer beschichteten Pfanne etwas Öl erhitzen, die Kartoffeln in die Pfanne geben, flach drücken und beidseitig jeweils **4 Minuten** braten.

Mittlere Nährwerte pro Portion

kcal 171 (kJ 715)
E 1 g **F** 15 g **KH** 9 g **BE** 0,5
CHOL 13 mg **BS** 1 g **FPE** 0
GI

Löffelbiskuits

Für etwa 40 Stück

ZUTATEN

- *4* ***Eigelb***
- *70 g* ***Staubzucker***
- *1 Pkg.* ***Vanillezucker***
- *1 TL* ***Zitronenschale,*** *gerieben*
- *4* ***Eiweiß***
- *1 Prise* ***Salz***
- *70 g* ***Zucker***
- *100 g* ***Mehl***
- *60 g* ***Speisestärke***
- ***Staubzucker*** *zum Bestreuen*

Zubereitung

- Eigelb, Staubzucker, Vanillezucker und Zitronenschale über dem heißen Wasserbad mit dem Schneebesen oder Handrührgerät zuerst warm, dann kalt schlagen.
- Das Eiweiß mit Salz anschlagen und mit Zucker steif schlagen.
- Ein Drittel des Eischnees zur Eigelbmasse geben und unterheben.
- Mehl, Speisestärke und das restliche Eiweiß abwechselnd unterheben.
- Die Masse in einen Spritzbeutel mit glatter Lochtülle füllen und Löffelbiskuits auf ein mit Backpapier ausgelegtes Backblech spritzen. Mit Staubzucker bestreuen und etwas antrocknen lassen.
- Im vorgeheizten Backofen bei etwa **200 Grad 10 Minuten** | **180 Grad 8 Minuten** backen.

Mittlere Nährwerte pro Stück

kcal 36 (kJ 151)
E 1 g **F** 0,5 g **KH** 7 g **BE** 0,6
CHOL 22 mg **BS** 0 g **FPE** 0
GI

Vanillesauce light

Für etwa 500 ml

ZUTATEN

- *250 ml* ***Milch***
- *20 g* ***Zucker***
- *1 Pkg.* ***Vanillezucker*** *oder 1 Vanilleschote*
- *1 Msp.* ***Zitronenschale,*** *gerieben*
- *1 Prise* ***Salz***
- *3* ***Eigelb***
- *40 g* ***Zucker***
- *2 TL* ***Speisestärke***

Zubereitung

- Milch mit Zucker, Vanillezucker, Zitronenschale und Salz zum Kochen bringen.
- Eigelb mit Zucker und Speisestärke in einer Schüssel verrühren, kochende Milch dazugießen, in einen Topf umschütten und unter ständigem Rühren auf den Siedepunkt bringen.
- Eventuell durch ein Sieb passieren und etwas auskühlen lassen.

Mittlere Nährwerte pro 100 ml

kcal 160 (kJ 669)
E 4 g **F** 7 g **KH** 21 g **BE** 1,5
CHOL 246 mg **BS** 0 g **FPE** 0
GI

Erdbeermark

Für etwa 250 ml

WEITERES

- *250 g* ***Erdbeeren***
- *2 EL* ***Staubzucker***
- *2 EL* ***Zitronensaft***

Zubereitung

- Erdbeeren kurz waschen, Kelchblätter entfernen, etwas zerkleinern und im Mixer auf schwacher Stufe pürieren.
- Durch ein feines Sieb streichen und mit Staubzucker und Zitronensaft abschmecken.

Mittlere Nährwerte pro 100 ml

kcal 29 (kJ 121)
E 0 g **F** 0 g **KH** 7 g **BE** 0,5
CHOL 0 mg **BS** 1 g **FPE** 0
GI

Glossar

Autoantikörper	Antikörper, die vom Immunsystem gebildet werden und sich gegen körpereigenes Gewebe richten. Merkmal für Autoimmunkrankheiten.
Basalinsulin	Der Körper benötigt immer eine kleine Menge Insulin. Um dies beim Typ-1-Diabetes zu gewährleisten, wird einmal oder zweimal täglich das Basalinsulin gespritzt. Es ist ein langsam bzw. sehr langsam wirkendes Insulin.
Beta-Zellen	Spezielle Zellen in der Bauchspeicheldrüse, die das Hormon Insulin bilden bzw. ausschütten.
Ketoazidose	Akut lebensbedrohlicher Zustand; Übersäuerung des Körpers, die bei Insulinmangel auftreten kann; durch den Insulinmangel werden die Fettdepots zur Energiegewinnung genutzt, dabei entstehen als Abbauprodukt sogenannte Ketonkörper.
Epidemiologie	Wissenschaft, die die Verbreitung und Häufigkeit einer Krankheit untersucht.
Kindesalter	von 0 bis 18 Jahren
Glykämie	Zuckergehalt im Blut; Blutzucker
Glukose	Traubenzucker; Hauptenergielieferant für unseren Stoffwechsel
Insulin	Wird in der Bauchspeicheldrüse gebildet und ist für die Regulation des Stoffwechsels wichtig; Insulin regt Körperzellen an, Glukose aus dem Blut aufzunehmen und senkt so den Blutzuckerspiegel.
Hyperglykämie	zu hoher Blutzucker
Hypoglykämie	zu niedriger Blutzucker
Mahlzeitenbolus	Entspricht der Insulinmenge, die für eine Mahlzeit gespritzt wird. Es handelt sich dabei um ein schnell wirkendes Insulin. Der Insulinbolus gleicht den Blutzuckeranstieg aus, der nach einer kohlenhydrathaltigen Mahlzeit entsteht.

Quellen

Bibliografie

Standard Italiani per la Cura del Diabete mellito, 2016

ADA. Standards of medical care in diabetes, 2018

Grundlage zur Berechnung der Nährwerte:

Tabelle di Composizione degli Alimenti dell'Istitiuto Nazionale della Nutrizione (INRAN), 2000

Composizione degli Alimenti per Studi Epidemiologici in Italia – Istituto Europeo di Oncologia, 1999

Zur Berechnung der Nährwerte der Rezepte wurde die Software WinFood der Firma Medimatica (Italien) verwendet.

Unterschiedliche Temperaturen beim Backen

Bei Öfen mit Ober- und Unterhitze wird die Backtemperatur um 10–20 Grad höher eingestellt als bei Umluftöfen.

Autoren

Heinrich Gasteiger, Küchenmeister und langjähriger Kochfachlehrer an der Hotelfachschule *Kaiserhof* in Meran. Gilt als Lenker und Denker in allen Bereichen des Kochens. Auslandstätigkeiten in den renommierten Küchen der europäischen Spitzenhotellerie (Gstaad, Lugano, Seefeld, München ...). Kreativer Produktentwickler für Lebensmittel und innovativer Food-Designer im Lebensmittel- und Feinkostbereich.

Gerhard Wieser, Küchenmeister und diplomierter Diätkoch. Küchenchef im Gourmetrestaurant *Trenkerstube* im Fünf-Sterne-Hotel *Castel* in Dorf Tirol, das er u. a. zu zwei Michelin-Sternen und drei Gault & Millau-Hauben führte. Er sammelte Erfahrungen bei Spitzenköchen in Europa und Asien. Engagierter Produktentwickler für Lebensmittel und Feinkost.

Helmut Bachmann, Küchenmeister und Fachlehrer an der Berufsschule *Emma Hellenstainer* in Brixen. Für die italienische Köche-Nationalmannschaft nahm er an Wettbewerben in Frankfurt, Luxemburg, Basel, Chicago und Wien teil und wurde mit mehreren Goldmedaillen ausgezeichnet. Mitglied im Weltbund der Kochverbände als WACS-GLOBAL MASTER CHEF.

Dr. Dalia Crazzolara
Fachärztin für Diabetologie, Endokrinologie und Innere Medizin; arbeitet als leitende Ärztin im Dienst für Diabetologie und der Inneren Medizin des Krankenhauses Bozen.

Dr. Bruno Fattor
Facharzt für Diabetologie, Endokrinologie und Innere Medizin; verantwortlicher Leiter des Dienstes für Diabetologie am Bozner Krankenhaus

Sieglinde Kofler
Ernährungstherapeutin beim Dienst für Diät und Ernährung im Krankenhaus Meran; berät ambulant Menschen mit Diabetes.

Dr. Petra Reinstadler
Master in Pädiatrischer Diabetologie; Leiterin des landesweiten Dienstes für Pädiatrische Diabetologie; arbeitet in der Abteilung Pädiatrie im Krankenhaus Bozen.

Gianluca Salvadori
Hochschulabschluss in Chemie und Pharmazeutische Technologien; seit April 2017 Präsident von DIABETES UNION Alto Adige Südtirol, der Diabetikervereinigung, die aus dem Zusammenschluss der Vereinigung Junger Diabetiker VJD und dem Diabetesbund SDB hervorgegangen ist.

Dank

Ein besonderer Dank geht an Anita Krapf von der DIABETES UNION Alto Adige Südtirol für die Koordination bei der Herstellung dieses Buches.

Register

Rote Seitenzahlen weisen auf Stichwörter im Rezeptteil hin.
Stichwörter mit **grauen** Seitenzahlen betreffen die Texte im Kapitel „Wissenswertes“.

Das Autorenteam bedankt sich bei folgenden Partnern

foppa
TASTE SUPPORTER

Wir liefern das Beste
für Ihre Gäste.

www.foppa.com

MERANER
MINERALWASSER
San Vigilio

Bergfrisch. Quellrein.
Mein Meraner.

~1966~
Galloni
Natürlich. Echt. Einzigartig.
Natura. Cura. Passione.

Natürlich. Echt. Einzigartig

www.galloni-meran.it

mila
SÜDTIROL

Alles beginnt mit unserer Milch...

www.mila.it